26 **Wolfsburg** (Autostadt Wolfsburg) 21
27 **Braunschweig** (Physikalisch-Technische Bundesanstalt) 22
28 **Goslar/Harz** (Bergwerk Rammelsberg) 22
29 **Hannover** (Zoo) 23
30 **Kassel** (Männerspielplatz) 24
31 **Münster** (Kreativkai) 24
32 **Duisburg** (Landschaftspark Nord) 25
33 **Essen** (Zeche Zollverein) 26
34 **Düsseldorf** (Rheinturm & Medienhafen) 27
35 **Köln** (Rheinauhafen) 27
36 **Bonn** (Weg der Demokratie) 28
37 **Bremm/Mosel** (Klettersteig Calmont) 29
38 **Saarbrücken** (Völklinger Hütte) 29
39 **Ludwigshafen** (BASF-Chemieareal) 30
40 **Frankfurt** (Skyline) 31
41 **Karlsruhe** (Zentrum für Kunst- und Medientechnologie) 32
42 **Baden-Baden** (Museum Frieder Burda) 32
43 **Freiburg** (Vitra Design Museum) 33
44 **Stuttgart** (Mercedes-Benz Museum) 34
45 **Ulm** (Neue Mitte) 34
46 **Nürnberg** (Doku-Zentrum Reichsparteitagsgelände) 35
47 **Ingolstadt** (Audi Forum) 36
48 **Augsburg** (Glaspalast) 36
49 **Erding** (Therme Erding) 37
50 **München** (BMW Welt) 38

01 PAPENBURG

Café Stövchen

Sehr niedliches Hotel-Café in einem niedlichen Klinkerhaus neben einer alten Zugbrücke am östlichen Ortsrand. In Puppenstubenatmosphäre mit Sofas und Kachelofen, unter alten Bildern gibt's Kaffee und Buchweizentorte.
Splitting links 32, Papenburg, Di–So 13–18 Uhr, Tel. 049 61/763 26, www.cafe-stoevchen-papenburg.de

Fischhaus Smutje

Das älteste Gasthaus Papenburgs steht direkt am Hauptkanal, es kann auch Fleisch und Geflügel, am besten aber Fisch: von Scholle über Rotbarsch und Matjes bis zu Holländischem Backfisch. Eher deftig.
Hauptkanal links 14, Papenburg, tgl. 11.30–14 und 17–22 Uhr, Tel. 01 73/866 95 37, www.smutje-papenburg.de

Forum Alte Werft

Noch bis in die 1980er-Jahre baute Familie Meyer ihre Schiffe auf dem alten Werftgeände mitten in der Stadt. Nach dem Umzug an den nordwestlichen Stadtrand wurden die verlassenen Fabrikhallen zum Glück nicht abgerissen, sondern schön renoviert, umgebaut und als kulturelles Zentrum »Forum Alte Werft« für die Stadt Papenburg wiedereröffnet. Innen wie außen bezeugen alte Maschinen aus dem Schiffbau das industrielle Erbe. Knapp 900 Zuschauer können im größten Saal, der Stadthalle, Musiktheateraufführungen und Konzerte erleben. Direkt daneben gehen im Theater auf der Werft Theaterproduktionen, Jazzevents und Kleinkunstveranstaltungen über die Bühne. Das Veranstaltungsangebot ist ebenso vielseitig wie umfangreich.
Ölmühlenweg 9, Papenburg, www.kulturkreis-papenburg.de

Kleines Fest im Großen Park

Die barocke Anlage mit dem niedlichen Schlösschen in der Mitte und den acht Pavillons außen rum ist auch zu nett. Clemenswerth nahe dem Ort Sögel, knapp 30 km südl. von Papenburg, wird eines schönen Samstag abends zur idyllischen Kulisse für das »Kleine Fest im Großen Park«. Mit Kleinkunst und Feuerwerk.
www.clemenswerth.de

02 WILHELMSHAVEN

Banter Ruine

Kultige Location mit beinahe legendärem Ruf am Hafen, gleich neben dem Columbia Hotel. Hier isst man am besten Fisch, zum Beispiel Scholle Müllerin oder nach Finkenwerder Art. Oder tagesfrische Nordseekrabben, ganz klassisch mit Schwarzbrot und Spiegelei.
Jadeallee 61, Wilhelmshaven, Mo–Fr ab 17 Uhr, Sa/So ab 11 Uhr, Tel. 044 21/414 84, www.banter-ruine.de

Seglerheim

Sehr schöne Lage am Nassauhafen – mit Blick auf den Jadebusen. Sehr zu empfehlen sind natürlich auch hier die Fischgerichte, egal ob Kabeljau, Steinbeißer oder Scholle. Man kann aber auch Schnitzel und Rumpsteak haben. Wer nicht so viel Hunger hat, bestellt kleine Portionen.
Schleusenstr. 23, Wilhelmshaven, tgl. 10–21 Uhr, Tel. 044 21/431 43, www.seglerheim-wilhelmshaven.de

Oltmanns

Gutbürgerliche Küche im allerbesten Sinn, dargeboten von Udo Schumacher, der auch schon im Gourmet-Mekka Baiersbronn gekocht hat und versteht, dass seine Gäste »was Vernünftiges auf dem Teller« haben wollen: Rinderrouladen und Rumpsteak, Matjes und Scholle und oder den sagenhaften Ammerländer Sniertjebraten – mit Senf geschmorte Stücke vom Schweinenacken. Wer tatsächlich nicht satt geworden ist, bekommt Nachschlag.
Friedeburger Hauptstr. 79, Friedeburg, Di–Fr 17–21 Uhr, Sa/So 7–21 Uhr, Tel. 044 65/97 81 50, www.landhotel-oltmanns.de

Pumpwerk Kulturzentrum

Schon 1976 wurde das 1903 errichtete Abwasserwerk an der Deichbrücke, nahe dem heutigen Hotel Columbia, neu eröffnet. Und es ist eigentlich immer eine gute Adresse für den Abend in Wilhelmshaven. Das Programm reicht von Rock und Pop über Jazz bis zu ausgezeichneten Kabarett- und Kleinkunstaufführungen – dargeboten in stimmungsvollem Industrie-Ambiente.

Banter Deich 1A, Wilhelmshaven, www.pumpwerk.de

Neuenburger Urwald

Wenige Kilometer südlich von Wilhelmshaven liegt das ca. 660 ha große Landschaftsschutzgebiet Neuenburger Holz mit dem rund 24 ha großen Urwaldareal. Umgestürzte Bäume, Moose, Flechten, Farne und Pilze bieten ein eindrucksvolles Naturschauspiel, das man auf angelegten Wegen erleben kann. Die beiden Eingänge zum Naturschutzgebiet – am südöstlichen Ortsausgang von Zetel sowie an der Gaststätte Urwaldhof in Neuenburg direkt an der B 437 – sind mit Parkplätzen und Infotafeln ausgestattet. Rund 15 km Wanderwege erschließen den Urwald; rasten kann man in der »Jagdhütte« mitten im Gebiet.
www.naturerlebnis-suedliches-friesland.de, www.bockhorn.de/sehenswertes/urwald

03 OSNABRÜCK

Grüne Gans

Wie aus der Zeit gefallen, würde auch in ein kleines englisches Dorf passen. Unter den vielen Osnabrücker Kneipen eine der beliebtesten. Das liegt zum einen an der gemütlich-urigen Atmosphäre, zum anderen am sehr leckeren Essen. Wer das »Pfefferstück« bestellt, macht nichts falsch. Und wer es an einem schönen Abend im Biergarten genießt, ist glücklich.
Große Gildewart 15, Osnabrück, tgl. 18–1 Uhr, Fr/Sa bis 3 Uhr, Tel. 05 41/239 14

La Vie

Ende 2011 wurde Chefkoch Thomas Bühner zum neunten Drei-Sterne-Koch Deutschlands gekürt. Gut, dass er seinen Gästen auch eine »Geschmacksschule« anbietet, denn das Feuerwerk der verschiedensten Düfte, Aromen und Texturen, das Bühner mit höchster Akribie entfesselt, ist pure Avantgarde.
Krahnstr. 1–2, Osnabrück, Di–Sa ab 19 Uhr, Fr/Sa ab 12 Uhr, Tel. 05 41/33 11 50, www.restaurant-lavie.de

Dom St. Peter und Domschatzkammer

Er ist ein Höhepunkt spätromanischer Sakralarchitektur, der Dom mit dem dicken und dem dünnen Turm, dessen Ursprünge im 8 Jh. liegen – bei Karl dem Großen. Bemerkenswert sind das riesige Triumphkreuz (1230), das ungefähr zur selben Zeit entstandene bronzene Taufbecken und der schöne Flügelaltar. Kostbarste Reliquiare und liturgische Geräte sind im Dommuseum (Di–So 10–18 Uhr) zu sehen, darunter ein mit Edelsteinen reich verziertes Kapitelkreuz aus der Mitte des 11. Jh.
Domplatz, Osnabrück, Mo–Fr 6.30–19.45, Sa 7.30–19, So 7.30–20 Uhr, www.dom-osnabrueck.de

Theater Osnabrück

Nur 642 Zuschauer haben Platz im Jugendstil-Theater am Domhof, der Hauptspielstätte. Sie erleben in diesem intimen Rahmen ausgezeichnetes Musik-, Tanz- und Sprechtheater sowie Konzerte mit dem Osnabrücker Symphonieorchester. Daneben wird in der Innenstadt unter anderem noch die kleine Studio-Bühne des emma-theater bespielt. Bemerkenswert auch das Angebot für Kinder und Jugendliche.
Domhof 10, Osnabrück, www.theater-osnabrueck.de

Gediegenes Ambiente, hohe Schule: Der Chef des La Vie in Osnabrück war Deutschlands neunter Drei-Sterne-Koch.

04 BREMEN

Ratskeller

Die Zeiten, als man in diesem Lokal nur den »Gemeinen« und den »Besseren« einschenkte, sind schon seit 600 Jahren vorbei. Heute ruhen im legendären Weinkeller 650 verschiedene Gewächse, darunter ausgesprochene Preziosen wie der Rüdesheimer Rosé aus dem Jahr 1653. Zu den guten Tropfen (oder zu einem Bier) genießt man herzhaft-rustikale Küche, z. B. Seemannslabskaus oder Bremer Knipp – das ist kross gebratene Hafergrützwurst vom Schwein mit Bratkartoffeln und Apfelmus.
Am Markt, Bremen, tgl. 11–24 Uhr, Tel. 04 21/32 16 76, www.ratskeller-bremen.de

Das Kleine Lokal

Klein ist es wirklich: Bis zu 30 Gäste dürfen auf den roten Stühlen Platz nehmen. Dann darf man sich u. a. auf Brust vom Marensinhuhn auf Leipziger Allerlei und Schupfnudeln freuen. Oder auf die kurz gebratene Keule und

Schatzkammer: Im Gewölbe des Bremer Ratskellers lagern 650 Weine.

Cannelloni vom Fischerhuder Rehbock mit Pfifferlingen und Karotten. Verarbeitet werden überwiegend Lebensmittel aus regionaler (Bio-)Produktion.
Besselstr. 40, Bremen, Di–Sa ab 19 Uhr, Tel. 04 21/794 90 84, www.das-kleine-lokal.de

Die Glocke

Kein Geringerer als Herbert von Karajan zählte sie zu den drei besten Konzertsälen Europas. Die Glocke bietet in denkmalgeschütztem Art-déco-Ambiente den Bremer Philharmonikern und seit 1992 auch der Deutschen Kammerphilharmonie die Bühne für Konzerte, die nicht nur akustisch, sondern auch künstlerisch überzeugen. Darüber hinaus spielen die Musiker regelmäßig mit den größten Solisten des internationalen Klassik-Betriebs zusammen.
Domsheide 6–8, Bremen, www.glocke.de

Kulturzentrum Schlachthof

Das Turmhaus mit dem hohen Schornstein, das Kesselhaus und die Magazinanlagen, Ende des 19. Jh. erbaut, haben die Abrissbirne überlebt und sich als feste Größe im Bremer Nachtleben etabliert. Hier hört man Hardcore und HipHop, Welt- und Chormusik, man lauscht Lesungen und verfolgt Theateraufführungen. Es gibt eine Skaterbahn, eine Open-Air-Bühne und die beliebte Schlachthofkneipe mit ihrem Biergarten (tgl. ab 17 Uhr).
Findorffstr. 51, Bremen, www.schlachthof-bremen.de

Wilhelm Holtorf Colonialwaren

Östlich der Wallanlagen erlebt man im fast schon legendären Colonialwarenladen Holtorf mit seiner denkmalgeschützten Jugendstil-Einrichtung den Unterschied zwischen Shoppen und Einkaufen. Hier werden seit der Gründung im Jahr 1874 Lebensmittel aus aller Welt verkauft – aber auch solche aus der Umgebung. Stadtbekannt sind die individuell gemischten Müslis und die Gewürzauswahl.
Ostertorsteinweg 6, Bremen, Mo–Fr 9–13.30 und 15–18.30 Uhr, Tel. 04 21/70 05 22

05 BREMERHAVEN

Natusch Fischereihafen-Restaurant

Seezungen und Schollen, Steinbutt, Seeteufel, Dorsch, Lachs, Rochen, Seewolf und Hai haben es nur 200 m weit von den Auktionshallen im Fischereihafen bis in die Küche, wo man mit den frischen Fängen meisterhaft umzugehen versteht. Das Ambiente lässt an Weltumsegelungen denken. Zum Glück schaukelt es nicht.
Am Fischbahnhof 1, Bremerhaven, Di–So 11.45–15 und 17.30–22 Uhr, Tel. 04 71/710 21, www.natusch.de

Pier 6

Gehobene internationale Küche in bester Lage unweit des Auswandererhauses. Die maritime Note ist spürbar, Landratten werden aber auch bestens bedient: Das junge, kreative Team kann nicht nur

Wolfsbarsch, sondern u. a. auch Wildschwein! Der Blick geht direkt auf den Yachthafen. Barkhausenstr. 6, Bremerhaven, Mo–Sa 10–23 Uhr, So 10–17 Uhr, Tel. 04 71/48 36 40 80, www.restaurant-pier6.de

Schifffahrtsmuseum

Verglichen mit den spektakulären neuen Museen Bremerhavens, dem Klima- und dem Auswandererhaus, erscheint die Keimzelle der »Havenwelten« eher konventionell. 1975 eröffnet, ist das Schifffahrtsmuseum zugleich ein Forschungsinstitut, und es zeigt viel mehr als die historische Bremer Hansekogge von 1380. Die Präsentation ist spürbar modernisiert worden, und das Gedränge ist nicht so groß wie in den beiden Nachbarhäusern. Hans-Scharoun-Pl. 1, Bremerhaven, tgl. 10–18 Uhr, Nov.–Mitte März Mo geschl., www.dsm.museum

Phänomenta Science Center

Lernen soll Spaß machen – im Phänomenta wurde diese Forderung ideal umgesetzt. Weil naturwissenschaftliche und technische Phänomene unseren Alltag immer stärker prägen, wird hier an mehr als 80 Experimentierstationen das Interesse geweckt – und befriedigt. Wenn Steine leuchten, Monsterschleim entsteht und der (virtuelle!) Fahrstuhl 5500 m tief ins Erdinnere saust, hat die ganze Familie Spaß. Hoebelstr. 24, Bremerhaven, tgl. 10–18 Uhr, www.phaenomenta-bremerhaven.de

Ausfahrten mit der »Wega II«

Zwischen Jadebusen und Wesermündung heuert man auf der »Wega II« an. Dann geht es hinaus zu den interessantesten Zielen im See- und Wattgebiet zwischen Wilhelmshaven und Bremerhaven: zur Seehundbank Tegeler Plate, zum alten Leuchtturm Untereversand – heute eine Kormorankolonie – oder zum gigantischen Containerterminal von Bremerhaven. Am Hafen 8, Fedderwardersiel, www.wega2-info.de

06 TÖNNING UND BÜSUM

Schankwirtschaft

Traumhafte Immobilie aus dem Jahr 1688 in traumhafter Lage knapp 10 km westl. von Tönning, ideal um bei Kaffee und Kuchen und dem legendären Eiergrog (nicht für Autofahrer!) Stunden zu verbummeln. In schönstem Puppenstubenambiente werden auch erstklassige belegte Brote serviert. Katingsiel 4, Tönning, Apr.–Nov. tgl. 12–22 Uhr, außerhalb der Ferien Mo Ruhetag, Tel. 048 62/370, www.schankwirtschaft-andresen.de

Störtebeker Steakhouse

Vegetarier bekommen Salat und Gemüse, alle anderen sollten Fleisch bestellen: Steaks vom Lavasteingrill. Hohenzollernstr. 12, Büsum, tgl. 11.30–22 Uhr, Tel. 048 34/984 34 15, www.stoertebeker-steakhaus.de

Tönninger Hafen

Den Bummel durch den vielleicht schönsten Hafen an der schleswig-holsteinischen Nordseeküste darf man keinesfalls verpassen. Absoluter Blickfang ist das denkmalgeschützte Kanalpackhaus aus dem Jahr 1783. Im ersten Stock dokumentieren zahlreiche Exponate die Tönninger Stadtgeschichte. Danach geht es zur kleinen Holzschiffswerft an der Südwestecke, in der seit 1740 die Fischkutterflotte gebaut und repariert wurde. Wer frische Krabben und Fische haben möchte, bekommt sie von Wolfgang Gruszinski (Am Hafen 33), und wer Ausflugsfahrten in den Nationalpark Wattenmeer machen oder eine Schleusung durch das Eider-Sperrwerk erleben möchte, hat dazu im Sommer täglich Gelegenheit (www.adler-schiffe.de). www.toenning.de

Tivoli

Besonderes Schmuckstück im 1865/66 erbauten und nach einem Brand 1891 neu errichteten Haus ist der große Saal mit seiner bogenförmigen Empore. Sorgfältig restauriert, steht er unter Denkmalschutz. Hier nehmen bis zu 700 Besucher bei Konzerten und Theateraufführungen Platz. Im Tivoli finden Konzerte im Rahmen des Schleswig-Holstein Musik-Festivals ebenso statt wie Vorstellungen des Hamburger Ohnsorg-Theaters, Kabarett, große Festbälle und private Feiern. Turnstr. 2, Heide, www.tivoli-heide.de

07 KIEL

September
Schwarz und Weiß, Akzente von Rot und dazu der Holzton des Bodens: So sehen moderne Räumlichkeiten aus. Auf den Tellern gibt's mehr Farben. Die Küche verarbeitet gern Heimisches (Lamm und Rind) – mit ausgesprochen wohlschmeckenden Resultaten. Schön auch die Atmosphäre im grünen Innenhof.
Alte Lübecker Chaussee 27, Kiel, Mo–Sa ab 17 Uhr, Tel. 04 31/68 06 10, www.september-kiel.de

Restaurant Weinstein
Rücken vom Holsteiner Spanferkel, Chateaubriand vom Holsteiner Rind, Gänseleber-Parfait mit Nougat ... Im Norden Kiels wird eine sehr feine, deftige, kreative und niemals überkandidelte Küche mit guter Weinbegleitung zu fairen Preisen serviert.
Holtenauer Str. 200, Kiel, Di–So ab 18 Uhr, Tel. 04 31/55 55 77, Di/Mi/Do 12–14 Uhr, www.weinstein-kiel.com

Sophienhof
Manchmal möchte einfach man alles unter einem Dach haben – nicht nur, wenn es regnet. Der Kieler Sophienhof versammelt 120 Geschäfte auf einer Fläche von knapp 38 000 qm, die sich unter Einbeziehung der angrenzenden Querpassage und der Kaufhäuser fast verdoppeln. Damit haben die Kieler – wer hätt's gedacht? – das größte überdachte Einkaufszentrum Norddeutschlands. Im Frühjahr 2013 kamen der Food Court und eine Markthalle mit einer verführerischen gastronomischer Vielfalt dazu.
Sophienblatt 20, Kiel, Mo–Sa 10–20 Uhr, www.sophienhof.de

Theater Kiel
Hinter der eindrucksvollen Backsteinfassade vermutet man eher ein hanseatisches Handelskontor. Tatsächlich bietet es der klassisch-ernsten Oper (»Don Giovanni«, »La Traviata«) ebenso eine Bühne wie dem modern-ironischen Musiktheater (»The Black Rider«). Auch Ballett wird hier aufgeführt. Die Sparten Schauspiel und Kinder-/Jugendtheater haben im Schauspielhaus in der Holtenauer Straße und im Theater im Werftpark am Ostring ihre Spielstätten.
Rathausplatz, Kiel, www.theater-kiel.de

08 HAMBURG

Oberhafen-Kantine
Der Denkmalschutz bewahrte diese wahrhaft schräge Hamburger Institution im Jahr 2000 vor dem Abriss. Doch wenn das Haus schon kippt, so lebt die Tradition weiter – und zwar seit 1925. Berühmt sind die Frikadellen, nicht schlechter Labskaus, Matjes und Aalsuppe, Burger, Bratwürste und Bratkartoffeln. Hier wird alles frisch von Hand zubereitet.
Stockmeyerstr. 39, Hamburg, Mi–Sa 12–22 Uhr, Di 17–22 Uhr, So 12–17.30 Uhr, Tel. 040/32 80 99 84, www.oberhafenkantine-hamburg.de

Vlet Speicherstadt
Die Lage in der historischen Speicherstadt ist einzigartig und faszinierend. Im Vlet sitzt man in einem der restaurierten Speicher gewissermaßen zwischen beiden Welten – und genießt im schicken Design sehr feine norddeutsche Küche der neuen Art: Bratwurst vom Pferderücken, Makrele im Kirschholzrauch, Würzkraut und Radieschen in Joghurttunke mit Malzgel ... Alle Fleisch- und Gemüseprodukte stammen von ausgewählten Höfen aus der Umgebung oder, fangfrisch, aus der Nordsee.
Am Sandtorkai 23, Hamburg, Mo–Fr 12–15 und 18–24 Uhr, Sa 18–24 Uhr, Tel. 040/334 75 37 50, www.vlet.de

Le Lion – Bar de Paris
In dieser »nostalgischen Bar, die Trends setzt«, haben VIPs keinen Promi-Bonus, und alle Gäste wissen sich zu benehmen. Statt auf Coolness setzt Chefmixer Jörg Meyer, einer der Besten seines Fachs in Deutschland, auf die zeitlos-klassischen Bartugenden. Wozu natürlich auch ausgezeichnete Cocktails gehören.
Rathausstr. 3, Hamburg, Mo–Sa 18–3 Uhr, So 18–1 Uhr, Tel. 040/334 75 37 80, www.lelion.net

Staatsoper
Nicht nur eines der besten Opernhäuser Deutschlands, ja sogar der Welt, sondern seit seiner Gründung im Jahr 1678 (!) als das erste öffentliche Musiktheater Deutschlands bis heute ausdrücklich eine Volksoper. Simone Youngs

Intendanz hat dem Haus seit 2005 viel Zuspruch sowie mehrere Auszeichnungen eingetragen. Das Programm verbindet Altes und Neues: Händel und Henze, Barock und Moderne.
Große Theaterstr. 4, Hamburg, www.hamburgische-staatsoper.de

Stage Theater Musicals
Es gibt ja nicht nur Hochkultur und Elbphilharmonie. Längst hat sich Hamburg als die Musical-Hauptstadt Deutschlands profiliert. Am 19. August 2015 fiel der letzte Vorhang für »Rocky« im Hamburger Operettenhaus, doch die Shows gehen natürlich weiter. Gleich drei Bühnen spielen Großproduktionen von Stage Entertainment: das eindrucksvolle neue Stage Theater im Hafen (Norderelbstr. 6, für Navi: Rohrweg 13) »Das Wunder von Bern« und den Dauerbrenner „König der Löwen", ab Herbst 2015 im Stage Theater Neue Flora (Stresemannstr. 163) »Liebe stirbt nie«, die Fortsetzung des »Phantoms der Oper«, ab Dezember 2015 im Stage Operettenhaus (Spielbudenpl. 1) »Aladdin«.
Informationen erhält man auf der Website oder unter Tel. 018 05/44 44. www.stage-entertainment.de

Kaufrausch
Schicker shoppen im feinen Stadtteil Eppendorf. Verwinkelte Räume in einem großen Altbau bieten Frauen, was sie wirklich wollen: von Lederwaren über Dessous, Oberbekleidung und Schmuck bis zu Wohnaccessoires. Insgesamt sieben Händler und Designer verursachen den Kaufrausch. Das Kaufhauscafé ist höchst beliebt.
Isestr. 74, Hamburg, Mo–Fr 11–19 Uhr, Sa 11–18 Uhr, www.kaufrausch-hamburg.de

Vom Sturm in Schräglage gedrückt, aber immer noch in Betrieb: die denkmalgeschützte Oberhafen-Kantine in Hamburg (➤ S. 8).

09 ROSTOCK

Butt
Die feinste Adresse in Warnemünde liegt auf der Ostseite des Seekanals ganz vorn. Von den sechs Restaurants in der Yachthafenresidenz Hohe Düne ist der Butt das Beste: Küchenchef Matthias Stolze verwendet frische Produkte aus der Ostseeregion für seine großartigen Menükreationen – und er ruht sich nicht auf seinem Michelin-Stern aus, sondern erleichtert dem Nachwuchs den Zugang zu den höheren Sphären der Gourmet-Gastronomie. Feinschmecker unter 30 Jahren bezahlen für das 3-Gänge-Menü nach Wahl des Küchenchefs inklusive Aperitif, Amuse bouche und 2 Gläsern Wein (0,2 l) nach Wahl des Sommeliers nur 59 € pro Person (nur Di–Do; bei der Buchung das Kennwort »TWENÜ« angeben).
Am Yachthafen 1, Warnemünde, Mi/Do und Sa/So ab 19 Uhr, Tel. 03 81/504 00, www.hohe-duene.de

Amberg 13 – Das Altstadtrestaurant
Eine sehr empfehlenswerte Adresse gleich neben der Petrikirche in Rostock. Die beiden Köche haben ihr Handwerk auf Kreuzfahrtschiffen gelernt, in ihrem Altstadtrestaurant servieren sie feine internationale Küche mit mediterraner Schlagseite und regionaler Note.
Amberg 13, Rostock, Di–So ab 17 Uhr, Tel. 03 81/490 62 62, www.altstadtrestaurant.de

Alter Strom Warnemünde
Auf der Westseite der Hafen-Halbinsel von Warnemünde

liegt die Flaniermeile am Alten Strom. Hier bummelt man ganz entspannt vorbei an Kneipen und Cafés, schmucken Kapitänshäusern, Bierlokalen, Boutiquen und Restaurants – bis hinaus zum Leuchtturm an der Hafenmole. Besonders schön an lauen Sommerabenden!
Am Strom, Warnemünde, www.rostock.de

Volkstheater

Mehr als 300 000 Zuschauer sahen am 26. März 2011 die Internet-Aufführung von »Effi Briest« am Volkstheater Rostock – eine Aktion gegen die drohende Schließung des Großen Hauses. Immer noch ist der städtische Haushalt klamm und die Gefahr nicht gebannt, dennoch hat das Vierspartentheater mit Ballett-, Opern- und Schauspielensemble in der Saison 2014/15 zwei neue Sparten eingeführt: das Figurentheater und die Bürgerbühne.
Patriotischer Weg 33, Rostock, www.volkstheater-rostock.de

Bühne 602

Die alternative Kulturinstitution in Rostock empfiehlt sich als gute Adresse abseits vom Mainstream. Seit 1991 inszeniert die Compagnie de Comédie Shakespeare-Stücke, Kleinkunst- und Musiktheater, Klezmer-, Jazz- und Metal-Konzerte und dergleichen »E«- und »U«-Programme mehr. Unter den verschiedenen Spielorten ist die Bühne 602 am Warnowufer die Wichtigste.
Warnowufer 55, Rostock, www.compagnie-de-comedie.de

10 STRALSUND

Wulflamstuben

Hinter seiner fotogenen Backstein-Fassade hat man eines der ältesten noch erhaltenen Bürgerhauser im Norden Deutschlands – erbaut um 1370 – sehr ansprechend renoviert und modernisiert. Hier werden Mecklenburger Spezialitäten serviert, darunter natürlich viel frischer Fisch.
Alter Markt 5, Stralsund, tgl. 8–24 Uhr, Tel. 0 38 31/29 15 33, www.wulflamstuben.de

Fischhalle Stralsund

Diese urige Location findet man auf der Hafeninsel gleich neben dem Ozeaneum. Wer keinen Fisch mag, bleibt besser gleich draußen, alle anderen dürfen sich drinnen über Meeresgetier in allen Varianten freuen. Es herrscht eine freundliche Kantinenatmosphäre – ausgesucht und abgeholt wird an der großen Theke.
Neue Badenstr. 2, Stralsund, Juni–Okt. Mo–Sa 9–20 Uhr, So 10–20 Uhr, Nov.–Mai Mo–Fr 9–18 Uhr, Sa 10–18 Uhr, Tel. 038 31/27 83 66

Gehört zum Ensemble des Rostocker Volkstheaters: Marilyn.

Die Kranichtour

Im Frühjahr und Herbst kommt das Wappentier der Lufthansa nach Stralsund – genauer: an die Küstengewässer im Norden der Hansestadt. Zu Zehntausenden genießen die Vögel das Angebot an Nahrung und sicheren Schlafplätzen. Die »Kranichtour« lohnt sich aber auch zu allen anderen Zeiten: eine 40 km lange Rundtour per Rad. Von Stralsund geht es über Parow und Altenpleen hinüber nach Nisdorf, dann einige km die Küste hinauf und über Klausdorf wieder zurück nach Stralsund. Man schafft die Strecke locker in 3 Std. – sollte sich aber ruhig mehr Zeit nehmen, um die wunderschöne Boddenlandschaft mit ihren hübschen Dörfern zwischen weiten Feldern und Wäldern genießen zu können. Toll sind die Passagen entlang des Ostseeküsten-Radwegs mit Blick auf die Inseln Rügen und Hiddensee sowie hinüber nach Zingst. Auch die Strecken über Land sind meistens befestigt und jedenfalls gut ausgebaut. Alle Details zur Tour mit Angaben zu den wichtigsten Sehenswürdigkeiten, Alternativrouten und touristischen Dienstleistern (z. B. Fahrradverleih) enthält ein Flyer der Tourismuszentrale Stralsund – auch digital mit GPS-Tourdaten.
www.stralsundtourismus.de

Ausflug nach Hiddensee

Längst kein Geheimtipp mehr, aber unbedingt lohnend: ein

Besuch auf der langen, dünnen Insel mitten im Nationalpark Vorpommersche Boddenlandschaft. Von Stralsund erreicht man mit der Fähre – Fahrzeit einfach 2:30 Std. – die Insel im Hafen Vitte und wandert über die wellige, von Büschen bestandene Heide zum viel fotografierten Leuchtturm Dornbusch. Nach Nordwesten zeigt Hiddensee eine beeindruckende Steilküste. Hauptort der Insel ist Kloster, das nördlichste der drei Inseldörfer. Hier befinden sich auch Sommerhaus und Grab des Schriftstellers Gerhart Hauptmann.
Vitte/Norderende 162,
www.seebad-hiddensee.de

11 PEENEMÜNDE/ USEDOM

Peenemünder Eck
Nettes Hotelrestaurant in Karlshagen, 8 km von Peenemünde entfernt in Richtung Wolgast. Gekocht wird international mit mediterranem Einschlag, regional und immer unprätentiös: Es gibt natürlich Fisch, aber auch Steaks.
Strandstr. 1, Karlshagen,
tgl. 8–22 Uhr,
Tel. 03 83 71/218 15,
www.peenemuender-eck.de

Pier 14
In Zinnowitz, knapp 18 km südöstl. von Peenemünde, genießt man im Restaurant des Konzeptstores Pier 14 feine Bistro-Küche mit angenehm regionaler Note und oft in Bio-Qualität. Das Spektrum reicht von origineller Pasta über den »Zinnowitzer Riesen« (Curry-Wurst) bis zum Weide-Burger vom LandWert-Rind.
Neue Strandstr. 36, Zinnowitz,
Tel. 03 83 77/35 29 18,
www.pier14.de

Blechbüchse Zinnowitz
Theater, Lesung, Kleinkunst und Konzert, das ganze Jahr über: Seit dem Jahr 1997 genießen Einheimische und Urlauber das abwechslungsreiche Programm hinter der gelben Fassade des ehemaligen Strandkorblagers.
Seestr. 8, Zinnowitz,
www.vorpommersche-landesbuehne.de

12 WAREN/MÜRITZ

U-Nautic
Die Lage in der Mitte von Waren ist bestens, das Ambiente beinahe spektakulär: irgendwo zwischen Gorch Fock und Jules Verne. Dazu gibt es ordentlich was auf die Teller: Fisch, Schnitzel, Bratkartoffeln.
Lange Str. 15, Waren, So–Do 11–21.30 Uhr, Fr–Sa 11–1 Uhr,
Tel. 039 91/66 37 10,
www.u-nautic.de

Dat Tortenhus
Hier geht keine Süßnase vorbei. Im schick modernisierten Tortenhus kann man sich, wenn man nicht aufpasst, mit sehr eindrucksvollen Buttercreme-, Schmand- und Streuselkreationen den Appetit aufs Abendessen verderben. Wirklich bereuen würde man das aber auch nicht.
Kirchenstr. 16, Waren, Mi–Mo 11–18 Uhr, Tel. 01 70/548 65 88, www.dat-tortenhus.de

GPS-Tour im Nationalpark
Touren durch den fantastischen Müritz-Nationalpark mit seinen Wäldern, Wiesen und Seen können an vielen Orten beginnen – z. B. in Federow, 8 km südöstl. von Waren, und sind mit dem Bus (Nationalparklinie) von Waren problemlos zu erreichen. Bei der dortigen Nationalpark-Information werden je nach Verfügbarkeit GPS-Guides verliehen, damit man sich im Gelände nicht verläuft und die multimedialen Informationen zu Landschaft und Kultur abrufen kann. An der Info-Stelle starten drei Wandertouren: Auf dem Weg »Zum Janker See und zum Rederangsee« (9,5 km, ca. 2,5–3 Std.) erlebt man eine abwechslungsreiche, von vielen Vogelarten bevölkerte Wald- und Wiesenlandschaft. Wesentlich kürzer ist die Tour »Rund um den Hofsee« (2,5 km, ca. 1 Std.) zum romantischen Seeufer. Noch weniger Mühe macht der »Abstecher zum Fischadler« (1,8 km, 0.30–1 Std.).
Nationalpark-Information,
Damerower Str. 6, Federow,
Ostern–Okt. tgl. 9–18 Uhr,
www.mueritz-nationalpark.de

Festspiele Mecklenburg-Vorpommern
Hilary Hahn, Martha Argerich, Anne-Sophie Mutter oder Hélène Grimaud: Die großen Stars des internationalen Klassikbetriebs sind Stammgäste bei den Festspielen, die von Juni bis Sept. rund 125 Konzerte zwischen Warnemünde, Rügen, Usedom und Müritz

bieten. Musiziert wird in Schlössern und Gutshäusern, in Scheunen, Kirchen, unter freiem Himmel – oder in der eindrucksvollen Industriehalle der Mecklenburger Metallguss GmbH, wo die größten Schiffsschrauben der Welt produziert werden. Die riesigen, golden glänzenden Propeller bilden eine ebenso ungewöhnliche wie imposante Konzertkulisse.
Teterower Str. 43, Waren,
www.mmg-propeller.de
www.festspiele-mv.de

13 BERLIN

Tim Raue

Der »Koch des Jahres 2011« (Feinschmecker) mit der rauen Kiez-Vergangenheit ist längst einer der berühmtesten Köche der Republik, dabei unverändert radikal. Kartoffeln, Nudeln, Reis oder Brot kommen ihm nicht auf den Herd. Alles andere, z. B. Kaisergranat, blauer Hummer, Jasmintaube, Wasserspinat, Stein- und Shiitakepilze, wird dafür in einer Art und Weise verarbeitet, die begeistert. Der Meister verbindet »japanische Produktperfektion, thailändische Aromatik und chinesische Küchenphilosophie«. Die Verbindung hält, was sie verspricht.
Rudi-Dutschke-Str. 26, Berlin,
Di–Sa 12–15 und 19–24 Uhr,
Tel. 030/25 93 79 30,
www.tim-raue.com

Aigner

Klassisch-deutsche Küche? Klingt erst mal etwas öde – bis man im schönen Kaffeehaus-Interieur am Gendarmenmarkt bedient wird. Dass man dabei auch österreichische Noten entdeckt, ist sicher kein Grund zu klagen. Königsberger Klopse mit Kapernsoße und Kartoffel-Schnittlauchpüree, Tafelspitz vom Jungbullen, Wiener Schnitzel oder Backhendl vom Paderborner Bio-Huhn: immer frisch und saisonal.
Französische Str. 25,
Berlin, tgl. 12–2 Uhr,
Tel. 030/203 75 18 50,
www.aignergendarmenmarkt.de

Lebensstern

Im ersten Stock der schönen Villa, die auch das berühmte Café Einstein beherbergt, bietet der Lebensstern alles, was eine gute (nicht zu verwechseln mit einer angesagten) Bar braucht: drei schön eingerichtete Räume, eine entspannte Atmosphäre, vor allem aber mehr als 200 Sorten Gin und rund 600 verschiedene Sorten Rum. Dazu gibt es eine kompetente Beratung, tadelloses Handwerk und Kräuter aus eigenem Anbau.
Kurfürstenstr. 58, Berlin, tgl. ab 19 Uhr, Tel. 030/26 39 19 22,
www.lebens-stern.de

Berliner Ensemble

Von Bertolt Brecht bis Claus Peymann hat der neobarocke Theaterbau am Schiffbauerdamm in Berlin-Mitte seit 1949 schon die größten Autoren und Regisseure gesehen.
Hier ist immer noch eine der wichtigsten, kontroversesten, rücksichtslosesten und relevantesten Bühnen Deutschlands.
Bertolt-Brecht-Platz 1,
Berlin, Tel. 030/28 40 80,
www.berliner-ensemble.de

Berliner Philharmonie

Die Berliner Philharmoniker, laut Eigenauskunft »128 Instrumentalisten von Weltklasse«, sind das Aushängeschild der deutschen E-Musik. Mit Wilhelm Furtwängler und Herbert von Karajan hatten sie zwei legendäre Leiter. 1963 zogen sie in den spektakulären, von Hans Scharoun geplanten neuen Konzertsaal in Berlin-Tiergarten. Derzeitiger Chef ist bis 2018 der Engländer Sir Simon Rattle. Ihm wird der Russe Kirill Petrenko folgen.
Herbert-von-Karajan-Str. 1,
Berlin, www.berliner-philharmoniker.de

Radialsystem V

Für manche ist es das aufregendste Tanztheater der Welt. Die Choreografin Sasha Waltz, Jahrgang 1963, hat die hohe Kunst der Bewegung auf ein neues Level gehoben – was man auf Bühnen auf der ganzen Welt und in den wunderbaren Räumen des alten Pumpwerks am Spreeufer erleben darf. Daneben ist dort aber noch viel mehr zu sehen und zu hören: sehr alte und ganz neue Musik, Soundinstallationen, Performances, Medienkunst und Kinderopern. Eine Adresse für neugierige Menschen.
Holzmarktstr. 33, Berlin,
www.radialsystem.de

14 BERLIN

Margaux

Fisch und Fleisch? Gibt es auch, aber deswegen allein kommt keiner zu Michael Hoffmann. Gleich hinter dem

Brandenburger Tor arbeitet der Sternekoch in erster Linie mit Gemüse – aus eigenem Anbau. Und wer das Grünzeug bei ihm probiert – etwa kandierte Aubergine mit geräuchertem Topinambur-Püree, gebratenen Salatstielen und Jus vom Rübenkraut – vermisst nichts. Foie gras und Thunfisch sind hier übrigens tabu. Mehr »öko« ist in der Gourmet-Gastronomie vermutlich nicht zu haben.
Unter den Linden 78, Berlin, Di–Sa 19–21.30 Uhr, Tel. 030/22 65 26 11, www.margaux-berlin.de

Faire Küche auf höchstem Niveau: Im Margaux in Berlin kommt Gemüse aus eigenem Anbau auf den Tisch (➤ S. 12).

Rotisserie Weingrün

Markenzeichen ist der Flammenwand-Grill, von dem Köstlichkeiten wie das halbe Paderborner Masthähnchen, die Brandenburger Bauernente aus kontrollierter Aufzucht oder Spare Ribs vom Havelländer Apfelschwein (mit Barbecuesauce) kommen. Weine vom eigenen Gut Horcher in der Pfalz sowie von weiteren Gütern in Deutschland und Österreich.
Gertraudenstr. 10–12, Tel. 030/20 62 19 00, www.rotisserie-weingruen.de

Park am Gleisdreieck

Im Berliner Süden, zwischen Kreuzberg und Schöneberg, flanieren Eingeborene und Besucher seit 2013 über einen 26 ha großen Grünzug. Ostpark, Westpark und Flaschenhalspark heißen die Abschnitte des Parks am Gleisdreieck. Hier und dort sieht man immer noch Gleise und andere Überreste des Anhalter Güterbahnhofs, der das Gelände früher prägte. Damals für die Öffentlichkeit unzugänglich, ist das Areal heute ein beliebter Ort zum Joggen und Spazieren, für Yoga-Übungen, Mittagspausen und für die Verbesserung der Berliner Luft. Tipp: der interkulturelle Garten Rosenduft gleich nördlich der Yorckstraße.
Yorckstr. (S2), Berlin, www.gruen-berlin.de

Havel-Kreuzfahrt – Wannsee und Pfaueninsel

Berlin muss man vom Wasser aus gesehen haben, von einem der rund 200 km Kanäle und Wasserwege, die die Stadt durchziehen. Zur Dampferfahrt mit der Stern und Kreisschifffahrt startet man am besten am Lindenufer in Spandau, unweit der Einmündung der Spree in die Havel. Auf der Fahrt zum berühmten, 1300 m langen Strandbad Wannsee sieht man viel grüne Natur und im Wasser (Sport) treibende Berliner. Ein Highlight ist auch der Besuch der idyllischen Pfaueninsel im Wannsee. Zwischen den uralten Eichen entdeckt man das weiße Schloss (1794), Kavaliershaus, Schweizerhaus, die alte Meierei, Skulpturen und Springbrunnen.
Verkaufsbüro im Hafen Treptow, Berlin, Tel. 030/536 36 00, www.sternundkreis.de

Oper

Vier Opernhäuser leistet sich die Hauptstadt: Die Deutsche Oper in Charlottenburg (www.deutscheoperberlin.de) hat sich mit ihrer klaren 1960er-Jahre-Architektur zur »plüschfreien Zone« erklärt und bildet damit den gebotenen Kontrast zur »plüschigen« Staatsoper Unter den Linden (www.staatsoper-berlin.de), die seit 2013 umfassend renoviert wird und in der Zwischenzeit nach Charlottenburg ins Schiller-Theater umgezogen ist; die Neueröffnung am alten Standort ist für die Saison 2016/2017 geplant. Gute Kritiken bekommt regelmäßig auch die Komische Oper in Berlin-Mitte (www.komische-oper-berlin.de): sie war 2007 und 2013 das »Opernhaus des Jahres«. Besondere Aufmerksamkeit verdient die kleinste Bühne, die Neuköllner Oper (www.neukoellneroper.de): ein »Autoren- und Uraufführungstheater« mitten im Kiez, das undogmatisch zwischen E und U pendelt.

Friedrichstadtpalast

Früher waren sie die schönsten Beine des Sozialismus, heute sind sie nur noch schön. Und genauso lang. Doch die Shows haben sich geändert – was man an der quietschbunten und ziemlich verrückten »Grand Show The Wyld« sehen kann. Die »Girl-Reihe« ist immer noch Legende, die mitreißenden Choreografien und vogelwilden Kostüme sind es nicht minder. Das größte Revuetheater Europas!
Friedrichstr. 107, Berlin, www.friedrichstadtpalast.de

Legendär: die langen Beine im Friedrichstadtpalast in Berlin. Das Revuetheater gibt es seit 1984.

15 POTSDAM

Friedrich Wilhelm

Zeitgemäß deutsch: regional, saisonal, biologisch. Was Chefkoch Alexander Dressel zaubert, brachte ihm sogar einen Michelin-Stern ein. Wobei er der deutschen Küche immer wieder einige italienische Akzente verleiht.
Im Wildpark 1, Potsdam, Di–Sa ab 19 Uhr, Tel. 03 31/550 50, www.bayerisches-haus.de

Specker's Landhaus

Die »Berliner Morgenpost« sprach von »Gänseleber in Jeans«. Steffen Speckers Konzept: erstklassige Landhausküche unter Verwendung (vorwiegend) saisonaler Produkte. Auf der Karte stehen beispielsweise Wiener Schnitzel mit warmem Kartoffel-Gurken-Salat oder ein Duett vom heimischen Frischling mit Rahmwirsing.
Jägerallee 13, Potsdam, Di–Sa 12–13.45 und 18–21.45 Uhr, www.speckers.de

Hans-Otto Theater

Hans Otto war ein kommunistischer Schauspieler und Gewerkschafter, den die Nazis 1933 ermordeten. 1952 gab er dem Theater der Stadt Potsdam seinen Namen, und 2006 bezog das Ensemble seine neue Spielstätte mit den auffälligen roten Dachschalen. Auch die historische Reithalle A auf dem Gelände der Schiffbauergasse wird bespielt. Reger Austausch besteht mit den Bühnen von Frankfurt/Oder (Kleist-Forum), Brandenburg an der Havel und Cottbus.
Schiffbauergasse 11, Potsdam, www.hansottotheater.de

Waschhaus

Von 1880/82 bis 1988 wurde in der Königlichen Garnisons-Dampfwaschanstalt tatsächlich gewaschen. Durch den Schornstein entwich der Dampf aus den Kesseln. Heute bleibt er drinnen: 1992 besetzten Künstler das verwahrloste Gebäude, und seit 1993 wurde auf zwei Ebenen ein ungemein vielseitiger Veranstaltungsbetrieb aufgebaut – mit Clubnächten, Kino, Theater, Kabarett und diversem Kursprogramm.
Schiffbauergasse 6, Potsdam, www.waschhaus.de

Havelseen-Rundfahrt

Vom Hafen Potsdam startet man ins Havelland, die Obstkammer der Mark Brandenburg. Man sieht das Sommerhaus Albert Einsteins und das kurfürstliche Schloss in Caputh, das romantische Dorfensemble in Petzow mit Schloss und Kirche von Karl Friedrich Schinkel und den von

Peter Joseph Lenné gestalteten Park, den historischen Stadtkern der Inselstadt Werder und bestellt ein Bier in der Forsthausbrauerei Templin.
Lange Brücke, Potsdam, Tel. 03 31/275 92 10, www.schiffahrt-in-potsdam.de

Baumblütenfest

Der Blütenball am Vorabend der offiziellen Eröffnung bildet den Auftakt für eines der großen traditionellen Volksfeste in Deutschland. Zehn Tage lang, zwischen Apr. und Mai, reihen sich die Weinstände, Imbissbuden und Musikbühnen auf der Stadtinsel von Werder. Die Obstbauern kommen aber nicht nur in die Stadt, sie laden auch zum Besuch ihrer Plantagen und Obsthöfe ein.
www.werder-havel.de

16 FINSTERWALDE/ LAUSITZ

Gourmetrestaurant Sandak

Mit Blick auf den Schlossteich diniert man im Restaurant des schicken Ayurveda-Hotels Seeschlößchen. Auf die Teller kommt französische Gourmet-Küche mit regionaler Note, in die Gläser wunderbarer deutscher Wein.
Buchwalder Str. 77, Senftenberg, tgl. 8–24 Uhr, Tel. 035 73/378 90, www.ayurveda-seeschloesschen.de

Goldener Hahn

Mitten in Finsterwalde entwirft Frank Schreiber essbare Skulpturen, die ihn zu einem der höchstdekorierten Köche im Land gemacht haben. Verarbeitet werden so oft wie möglich Produkte aus der Umgebung, was man etwa im »Menü Lausitz« nachschmecken kann, das Saiblingsfilet mit Gurke, Minze und Ingwer, Kaninchenrücken mit Pfifferlings-Graupenrisotto und Kohlrabi sowie eine Niederlausitzer Heidelamm-Hüfte »Sous Vide« mit Wiesenheu-Jus, Bohnen und Linsencreme kombiniert.
Bahnhofstr. 3, Finsterwalde, Di–Sa ab 17.30 Uhr, Sa auch ab 12 Uhr, www.goldenerhahn.com

Offroad durch den Tagebau

Auf zur großen Tagebau-Safari! Wer sich nicht in albernen SUVs, sondern in echten Geländewagen durch den 1991 stillgelegten Tagebau Welzow-Süd fahren lässt oder dortselbst ein Fahrertraining absolviert, erlebt eine Landschaft, die mit »bizarr« nur unzureichend beschrieben ist: Erosionsflanken, Canyons, Sanddünen, Steppenwildnis und grüne Biotope, wie man sie in Deutschland kein zweites Mal zu Gesicht bekommt.
Brieske/Lausitz, Briesker Str. 30a, Tel. 01 72/660 26 07, www.allradtouren.de

17 COTTBUS

Stadtwächter

Nicht an, sondern in der Stadtmauer am Westrand der Altstadt wird man mit Sicherheit satt. In urigem Ambiente bestellt man am besten Schnitzel – in allen Variationen. Am Wochenende ist die Mauer-Kneipe bis 4 Uhr geöffnet.
Mauerstr. 1, Cottbus, tgl. ab 17 Uhr, Tel. 03 55/236 18, www.stadtwaechter.de

Sakana Sushi Bar

Direkt am schönen Altmarkt der Lausitzer Metropole Cottbus isst man, na klar, vietnamesisch und japanisch. Die Sushi sind prima, Reis- und Nudelgerichte sind es nicht minder, die Atmosphäre ist sehr freundlich.
Neustädter Str. 19, Cottbus, tgl. 11–23 Uhr, Tel. 03 55/493 67 43, www.sakana-sushibar.de

Wendisches Museum

Im Zug der Völkerwanderung besiedelten wendische Stämme das Land zwischen der Ostsee und den Mittelgebirgen und gaben Tausenden Orten ihre (slawischen) Namen: Potsdam, Dresden, Cottbus, Berlin ... Zwischen dem 10. und 12. Jh. verloren sie ihre Eigenständigkeit weitgehend, doch in der Lausitz leben heute noch wendische Bevölkerungsgruppen: die Sorben. Um Cottbus herum stellten sie bis 1945 sogar noch die Bevölkerungsmehrheit. Das Wendische Museum, 1994 in einem klassizistischen ehemaligen Wohn- und Handelshaus in der Cottbuser Altstadt unweit des Altmarkts eingerichtet, dokumentiert ihre Geschichte.
Mühlenstr. 12, Cottbus, Mai–Sept. Mi–Fr 10–18, Sa/So 13–18 Uhr, Okt.–Apr. Mi–Fr 10–17, Sa/So 13–17 Uhr, www.wendisches-museum.de

Freilandmuseum Lehde/Spreewald

Est seit 1929 kommt man auch über Land nach Lehde, das unter den vielen schönen Orten im Spreewald vielleicht der Schönste ist. Hier kann man im Freilichtmuseum einen authentischen Eindruck vom Leben im Spreewald vor 100 Jahren erhalten. Nach wie vor erfolgen Postzustellung und Müllabfuhr mit dem Kahn, und viele Höfe der Region sind bis heute nur übers Wasser zu erreichen.
Lübbenau, OT Lehde,
Apr.–Sept. tgl. 10–18 Uhr,
Okt. tgl. 10–17 Uhr,
www.museum.kreis-osl.de

18 BAD MUSKAU

Hotel-Gasthof Am Schlossbrunnen

Abseits der Hauptstraße sehr schön und ruhig gelegenes Haus am Rand des Muskauer Parks. Im guten Restaurant bekommt man Lausitzer Spezialitäten, Steaks vom Lavasteingrill, sächsische Weine – und natürlich selbstgemachtes Fürst-Pückler-Eis ...
Köbelner Str. 68,
Bad Muskau, tgl. ab 12 Uhr,
www.schlossbrunnen.de

Schlosscafé

Hier sitzt man sozusagen in der ersten Reihe und schaut, das Muskauer Schloss im Rücken, auf die Pücklerschen Liegenschaften. Und träumt bei Kaffee und Kuchen, Cocktails und Wein, es wären die eigenen.
Schlossstr. 2, Bad Muskau,
Apr.–Okt. 10–19 Uhr,
Tel. 03 57 71/63 92 37,
www.schloss-cafe.eu

Im Schlauchboot auf der Neiße

An der alten Wehranlage startet die Rafting-Tour auf der Neiße – mit einer ersten kleinen Stromschnelle. Weiter paddelt man vorbei an Pücklerstein und Prinzenbrücke und passiert die nach ihrer Zerstörung im Zweiten Weltkrieg 2011 restaurierte Englische Brücke. Mit schöner Sicht auf die Parkanlagen geht es in Richtung Pussak (Märchenwald) und nach ca. 2 Std. schließlich ins polnische Zarkie Wielkie. Zurück kommt man entweder im Kleinbus oder mit dem Fahrrad durch die Neiße-Auen.
Schlossvorwerk (Alte Schmiede), Bad Muskau,
Tel. 07 00/01 81 88 88,
www.neisse-tours.de

Erlichthof

Knapp 20 km südlich von Bad Muskau steht ein Ensemble aus schönen Holzhäusern, die Ältesten mehr als 300 Jahre alt. Von Teichen umgeben, hat sich die Erlichthofsiedlung seit 1990 zu einer Mischung aus Freilichtmuseum, Handwerks-, Verkaufs- und Gastronomiebetrieben entwickelt. Auch eine Touristeninformation ist eingezogen und, besonders spannend, das »Wolfsbüro« mit der Wolfsausstellung (März–Dez. Di–So 10–17 Uhr, Jan./Feb. eingeschr.). Hier, im äußersten Osten Deutschlands, ist der Wolf längst wieder heimisch geworden.
Turnerweg 6, Rietschen,
www.erlichthofsiedlung.de

19 DRESDEN

Villandry

Das Restaurant in der Dresdner Neustadt überzeugt mit angenehm-modernem Ambiente und regionaler Küche. Der Bio-Ochse oder das sächsische Wild erfahren dabei mitunter ein mediterranes Update, und die Weinkarte protzt weniger mit großen Namen als mit bezahlbarer Qualität und Saisonalität: Im Sommer überwiegen die weißen Tropfen, im Winter die roten. Im »Villandry No. 10« steht darüber hinaus eine offene Küche als Eventraum und für Kochkurse zur Verfügung.
Jordanstr. 8, Dresden,
Mo–Sa ab 18 Uhr,
Tel. 03 51/899 67 24,
www.villandry.de

Pfunds Molkerei

Wahrhaftig kein Geheimtipp mehr, dennoch unverändert sehenswert: der »Milchladen« mit den handbemalten Majolikafliesen an den Wänden, der wie ein Museum aussieht und den Traum von der guten alten Zeit und dem schöneren Leben auf dem Land ins 21. Jh. trägt. Um die 100 Käsesorten gibt es hier zu kaufen, dazu Joghurt und Buttermilch, Kondensmilch, Milchgrappa und die berühmte Milchseife. In den ehemaligen Büroräumen in der ersten Etage wurde ein Restaurant eingerichtet, in dem man u. a. Käse- und Kartoffelsuppe, Quark, Käseplatten und Quarktorte serviert.
Bautzner Str. 79, Dresden,
tgl. 10–18 Uhr, Apr.–Dez.
Mo–Sa bis 19 Uhr,

Tel. 03 51/80 80 80, www.pfunds.de

Grünes Gewölbe

Am Westflügel des Dresdner Residenzschlosses kommt keiner vorbei. Seit 2005 präsentiert hier »eine der größten, reichsten und ältesten Schatzkammern Europas« wieder ihr kostbares Inventar: Objekte aus Gold, Edelsteinen, Bernstein, Elfenbein und Email. Im »Neuen« sowie im »Historischen Grünen Gewölbe« ist ausgestellt, was sächsische Kurfürsten und Könige gesammelt und/oder in Auftrag gegeben haben. Ein Höhepunkt ist der »Hofstaat zu Delhi«: ein nur 1,40 m breites orientalisches Miniatur-Diorama, für das August der Starke mehr Geld ausgegeben hat als für den Rohbau von Schloss Moritzburg. Weil die Zahl der Besucher beschränkt ist, muss man die Tickets vorab bestellen.

Residenzschloss, Dresden, Mi–Mo 10–18 Uhr, www.skd-dresden.de

Mit der Weißen Flotte zu den Elbschlössern

Wer hätte es gedacht: Deutschland hat die größte Raddampfer-Flotte der Welt. Die »Stadt Wehlen« (Bj. 1879), die »Pillnitz« (Bj. 1886), die »Dresden« (Bj. 1926), sechs weitere Raddampfer und vier Motorschiffe starten von Dresden aus zu Rund- und Linienfahrten auf der Elbe. Höchst beliebt und ein echter Klassiker ist die Fahrt zu den prächtigen Elbschlössern Albrechtsberg, Lingnerschloss und Eckberg sowie nach Pillnitz mit seinem großartigen Park.

Terrassenufer (Anleger) und Georg-Treu-Pl. 3 (Büro), Dresden, Tel. 03 51/86 60 90, www.saechsische-dampfschiffahrt.de

Nationalpark Sächsische Schweiz

Schwer romantisch und schon vom großen deutschen Maler Caspar David Friedrich auf Leinwand gebannt: die Sehnsuchtslandschaft 20 km vor den Toren Dresdens. Man kann mit dem Raddampfer oder der S-Bahn bis Kurort Rathen fahren, hinauf zum Aussichtspunkt der Bastei steigen und abends vielleicht noch den »Freischütz« auf der Felsenbühne Rathen erleben. Wer den Zauber der Landschaft intensiver und einsamer erleben möchte, sollte das Elbsandsteingebirge mit seinen bizarren und unter Kletterern weltberühmten Felstürmen, tiefen Schluchten und wunderbaren Laubwäldern zu Fuß durchwandern – im Frühjahr und Herbst am schönsten!

Besucherzentrum, Dresdner Str. 2b, Bad Schandau, Apr.–Okt. tgl. 9–18 Uhr, Nov–März Di–So 9–17 Uhr, www.nationalpark-saechsische-schweiz.de

20 CHEMNITZ

Villa Esche

Die schöne Jugendstilvilla südlich des Zentrums ist ein Werk des großen Henry van de Velde. Heute beherbergt das Architekturdenkmal nicht nur ein Museum, sondern auch ein Restaurant, das ausgezeichnete

Wie ein Museum, ist aber keins: Pfunds Molkerei in Dresden (➤ S. 16).

Küche serviert: mal regional (Blutwurst mit Apfel und Kartoffelpüree), mal mediterran (Credo Ibérico).

Parkstr. 58, Chemnitz, Di–Sa 12–24 Uhr, So 12–18 Uhr, Tel. 03 71/533 10 88, www.restaurant-villaesche.de

Kellerhaus Chemnitz

Urig-rustikal: Damit sind Atmosphäre und Küche zutreffend beschrieben. Vom Keller bis zur zweiten Etage des uralten Fachwerkhauses oder auch auf der Terrasse davor wird ein bunter kulinarischer Mix geboten: vom Eisbein XXL bis zur Nordseescholle.

Schloßberg 2, Chemnitz, tgl. ab 11 Uhr, Tel. 03 71/335 16 77, www.kellerhaus-chemnitz.de

Opernhaus Chemnitz

Von 1988 bis 1992 wurde sie umfassend rekonstruiert, seitdem überzeugt die Chemnitzer Oper Publikum und Kritiker mit spannenden Inszenierungen und hochmoderner Bühnentechnik. Auf der Drehbühne werden Opern, Operetten und

Musicals inszeniert. Besondere Beachtung finden Aufführungen unbekannter oder selten gespielter Opern. Berührungsängste zwischen »E« und »U« kennt man nicht: Dem viel besuchten Musical »Flashdance« 2014 ließ man 2015 die deutsche Erstaufführung der Oper »Paradise Reloaded« von Péter Eötvös folgen.
Theaterpl. 2, Chemnitz,
www.theater-chemnitz.de

Chemnitzer Stadtfahrrad

Die traditionsreiche Industrie- und Autostadt Chemnitz erkundet man bequem und umweltfreundlich mit dem Fahrrad. Das Projekt »Chemnitzer Stadtfahrrad« bietet seit 2006 nicht nur die dafür nötige Hardware (an 10 Ausleihstationen im Stadtgebiet), sondern auch die Software in Gestalt von vier ausgearbeiteten Routen, die alle Sehenswürdigkeiten miteinander verbinden. Die Leihgebühr beträgt nur 2 € pro Tag.
www.chemnitzer-stadtfahrrad.de

21 LEIPZIG

Falco

Sachsens bester Koch wirkt im 27. Stock des Hotels »The Westin« – was seinen Gästen einen spektakulären Blick auf die Stadt beschert. Peter Maria Schnurrs »cuisine passion légère« kombiniert, was »eigentlich undenkbar« (Eigenauskunft) ist: Rochenflügel mit Salatstrünken, Minze, Eierstich, Distelgemüse und rosa Grapefruit-Gremolata oder einen Soja-Meerwasser-Marshmellow mit Aprikosen-Algen-Konfitüre. Klingt verrückt, funktioniert aber großartig. Toll ist auch die Bar & Lounge mit 80 Sorten Whisky, 200 Digestifs und 800 Weinen.
Gerberstr. 15, Leipzig,
Di–Sa 19–22 Uhr. Mi. Juli–Mi. Aug. und Jan. geschl.,
Tel. 03 41/988 27 27,
www.falco-leipzig.de

Drogerie

Der heiße Tipp im Stadtteil Gohlis. Sehr schönes Interieur im Stil einer französischen Brasserie – mit Kamin. Gekocht wird mit französisch-mediterranem Einschlag und sehr gut. Bemerkenswert ist die Auswahl an Whisky und Rum.
Schillerweg 36, Leipzig,
Mo–Sa 18–24 Uhr,
Tel. 03 41/22 28 64 66,
www.drogerie-leipzig.net

Neues Gewandhaus

1981 eröffnet, ist der heutige Konzertsaal schon das dritte Leipziger Gewandhaus. Auf seiner großen Bühne musiziert das älteste bürgerliche Konzertorchester Deutschlands – es besteht seit 1743 und ist eines der Besten der Welt. Kurt Masur, der langjährige Leiter und (seit 1996) Ehrendirigent, war einer der Anführer der friedlichen Revolution von 1989.
Augustuspl. 8, Leipzig,
www.gewandhaus.de

Pfeffermühle und Academixer

Wer schon in der DDR frech gewesen ist, hat auch heute was zu sagen. Die beiden Leipziger Kabarett-Institutionen erlebten Gründung und Feuertaufe im real existierenden Sozialismus. Bei den Academixern (Kupfergasse 2) stehen aber nicht nur politisches Kabarett, sondern auch sächsische Mundartprogramme und literarisch-musikalische Satiren auf dem Programm.
Bei der Pfeffermühle in Kretschmann's Hof (Katharinenstr. 17) kümmert man sich in der Kabarett-Schule auch um den Nachwuchs.
www.academixer.com
www.kabarett-leipziger-pfeffermuehle.de

Drallewatsch ist Sächsisch und bedeutet »etwas erleben«. Das kann man im Leipziger Barfußgässchen (➤ S. 19).

Für Nachtschwärmer: Drallewatsch und KarLi

Vielen Leipzigern ist es um das Barfußgässchen schon zu voll. Das Konzept – Kneipe an Kneipe, Tisch an Tisch und keine Sperrstunde – begeistert umso mehr Besucher von außerhalb. Kontakt zu Einheimischen kann man eher auf der »KarLi« (Karl-Liebknecht-Straße) südlich des Altstadtrings aufnehmen: Hier gibt es eine ausgeprägte Kneipenkultur, mehrere Pubs, kleine Restaurants mit internationaler Küche und angesagte Clubs. Auch Leipzigs Kulturzentrum naTo (www.nato-leipzig.de) ist hier in der Nr. 46 zu finden – mit seinem Angebot von Konzerten, Programmkino, Literaturlesungen, Theater und politischen Veranstaltungen.
www.leipzig.de

22 SAALE-UNSTRUT

Ratskeller

Im stimmungsvollen Gewölbekeller wird nicht einfach deftig-rustikal, sondern richtig gut gekocht. Auf die Teller kommen Thüringer Klassiker, aber auch mediterran angehauchte Gerichte. Spezialität des Hauses sind die Steaks – gegrillt bei 800 Grad!
Markt 1, Bad Sulza, Mo–Fr 11–14 und 17–22 Uhr, Sa 11–22 Uhr, So 11–21 Uhr, Tel. 03 64 61/877 73, www.ratskeller-badsulza.de

Am Schwanenteich

Ein hübsches Haus in hübscher Lage am Rand des Kurparks und gleich neben dem besagten Schwanenteich. Hier speist man Thüringer Hausmannskost mit Klößen. Was heißt, dass man dabei auch satt wird.
Sophienstr. 1–7, Bad Sulza, tgl. 9–23 Uhr, Tel. 03 64 61/208 32, www.am-schwanenteich-bad-sulza.de

Auerworld Palast

Im Frühjahr 1998 wurde in Auerstedt, gleich westlich von Bad Sulza, eines der größten lebenden Bauwerke der Welt gebaut – oder besser: gepflanzt. Unter der Leitung des Schweizer Architekten Marcel Kalberer errichteten 300 freiwillige Helfer einen Dom aus wurzelnden Weidenruten, die nun regelmäßig im Frühjahr in Form geschnitten werden. Der Naturbau misst etwa 25 m im Durchmesser und wird viel besucht, vor allem beim Auerworld-Festival, das jedes Jahr Ende Juli stattfindet.
Auerstedt, www.auerworld.de

Unstrut-Weinwanderweg

8 km misst die Wanderrunde durch die prächtigen Rebberge westlich von Freyburg. Gestartet wird im Stadtzentrum, wo man zunächst den Weg zur Rotkäppchen Sektkellerei einschlägt. Der Gartenstraße und dem Schweigenberg-Wanderweg entlang geht es dann Richtung Zeddenbachmühle. Bevor man diese erreicht, folgt man der Ausschilderung Feengrotten-Kyffhäuser-Weg nach Zscheiplitz mit seinem Kloster und mehreren Weingütern. Das Kloster zur Rechten, das Unstruttal zur Linken, wandert man durch die historischen Kalksteinbrüche zu einem Wegekreuz und rechts wieder zur Mühle Zeddenbach. Zurück nach Freyburg nimmt man den Unstrut-Radwanderweg.
www.saale-unstrut-tourismus.de/unstrut-weinwanderweg

23 GEISA/RHÖN

Kurhaus-Restaurant

Schönste Lage und ausgezeichneter Service am Ufer des Burgsees mitten in Bad Salzungen. Geboten wird internationale Küche mit mediterraner Note – und vielen regionalen und saisonalen Spezialitäten.
Am See, Bad Salzungen, Mo–Sa 11–23 Uhr, So 10–23 Uhr, Tel. 036 95/65 20 88, www.hotel-kurhaus-badsalzungen.de

Kartoffelkäfer

In kurios-urigem Ambiente kommen natürlich Kartoffeln in allen möglichen Varianten auf den Tisch, daneben aber auch Steaks vom Vulkansteingrill und vier Sorten Bier vom Fass.
Silge 11, Bad Salzungen, tgl. 11–14.30 und ab 17 Uhr, Tel. 036 95/60 62 04, www.kartoffelkaefer.net

»Rhön-Dorf« Thann/Wendershausen

Wer schon in der Gegend ist und noch Mitbringsel braucht, wird in Thann/Wendershausen, 30 km südl. von Philippsthal, sicher fündig. Es nennt sich zwar »Rhön-Dorf«, ist tatsächlich aber ein

Erlebniskaufhaus für regionale Spezialitäten: Milch vom Rhönschaf, Würste von Lamm und Wild, Seife von der Biene, Bier vom Apfel (aber auch von der Gerste ...), dazu Keramik, Drechselwaren, Wolldecken und die wunderbaren Rhöner Obstbrände, die nur in kleinen Mengen hergestellt werden. In der hauseigenen Gastronomie kann man den original Rhöner Holzofenkuchen probieren.
Hauptstr. 6, Thann/Wendershausen, Mo–Fr 10–18 Uhr, Sa 10–17 Uhr, So 13–17 Uhr, www.rhoen-dorf.de

Wasserkuppe, Segelflugmuseum

Der höchste Berg der Rhön (950 m) ist ein phänomenaler Aussichtspunkt – und traditionelles Revier der Segelflieger, weshalb hier oben auch das größte Segelflugmuseum der Welt steht. 1987 wurde es erbaut, 2006 um eine große Ausstellungshalle erweitert. Zu sehen ist der originalgetreu nachgebaute, hölzerne »Vampyr« von 1921 ebenso wie mancher moderne Hightech-Gleiter aus Glasfaserkunststoff.
Wasserkuppe 2, Gersfeld, Apr.–Okt. tgl. 9–17 Uhr, Nov.–März tgl. 10–16.30 Uhr, www.segelflugmuseum.de

24 DESSAU

Pächterhaus

Hübsch ist das Ambiente hinter alten, sehr ansprechend renovierten Mauern, richtig gut ist das, was man dort auf den Teller bekommt. Sehr zu empfehlen sind das Fisch- und das Fleischmenü, Sashimi-Thunfisch mit Wasabischaum, Kalbsbäckchen und Lammcarrée.
Kirchstr. 1, Dessau, Di–So 12–15 und ab 18 Uhr, Tel. 03 40/6 50 14 47, www.paechterhaus-dessau.de

Ratskeller

Der Name ist Programm. Nach der Komplettsanierung genießt man im schönen historischen Rathaus-Ambiente gutbürgerliche Küche (Schnitzel, Schnitzel, Soljanka und Schnitzel) – und von dieser reichlich. Bei schönem Wetter im Biergarten.
Zerbster Str. 4a 1, Dessau, Mo–Sa ab 11 Uhr, Tel. 03 40/221 52 83, www.paechterhaus-dessau.de

Wörlitzer Park

Nach dem Bauhaus das zweite Dessauer Welterbe – und der größte denkbare Kontrast zur eckigen Sachlichkeit. Bei Wörlitz entstand von 1765 bis 1810 ein riesiger Landschaftsgarten, der nicht funktionell sein sollte, sondern nur schön: mit Seen, Kanälen und Brücken, Schlössern, kleinen Tempeln, Villen und einer Pagode. Das Wörlitzer Schloss (1769–1773) gilt darüber hinaus als das erste Bauwerk des deutschen Klassizismus. Das Areal reicht von der Elbe im Westen bis nach Rehsen im Osten und bezieht auch die Dessauer Gärten Georgium und Luisium mit ein: sechs Schlösser, sieben Parkanlagen und mehr als 100 kleinere Bauwerke auf 142 qkm.
Kulturstiftung, Ebenhanstr. 8, Dessau-Roßlau, ganzjährig frei zugänglich (ohne Schlösser) www.gartenreich.com

Anhaltisches Theater

Seit Okt. 2013 steht das traditionsreiche Haus (Schauspiel, Musiktheater, Ballett, Konzert und Figurentheater) auf der Roten Liste des Deutschen Kulturrats. Damit gelten das für die Spielzeit 2010/11 als »Bestes Theater außerhalb der Theaterzentren« ausgezeichnete Haus und sein engagiertes Programm als gefährdet. Von 2012 bis 2015 hatte man noch den kompletten Ring des Nibelungen realisiert. Also: Theaterfreunde, fahrt nach Dessau, solange es sich noch lohnt – und es lohnt sich unbedingt!
Friedenspl. 1A, Dessau, www.anhaltisches-theater.de

25 MAGDEBURG

Hyaku Mizu

Die Lage in der »Grünen Zitadelle« ist natürlich eine Schau, aber was man hier auf den Teller bekommt, ist mindestens so bunt – und außerordentlich wohlschmeckend: traditionelle japanische Küche.
Breiter Weg 8/10, Magdeburg, Mo–Sa 12–23 Uhr, So 12–22 Uhr, Tel. 03 91/59 77 88 72, www.hyaku-mizu.de

Landhaus Hadrys

Anspruchsvoll, aber nicht überkandidelt ist die Küche im Landgasthaus an der Durchgangsstraße. Filets von Saibling, Weideochsen oder Steinbutt gibt es zu essen, Kalbsleber mit Apfel, Cordon bleu vom Wildschwein. Die Rohstoffe sind tadellos, die Zubereitung »gutbürgerlich« im besten Sinn.

An der Halberstädter Chaussee 1, Magdeburg, Di–Sa, Fei ab 12 Uhr, Tel. 03 91/662 66 80, www.landhaus-hadrys.de

Theater Magdeburg

Ernst und (vermeintlicher) Unernst schließen sich hier nicht aus: Auf dem Programm steht Mozarts »Entführung aus dem Serail« selbstverständlich neben der »Rocky Horror Show« von Richard O'Brien. Als Vierspartentheater leistet sich das Haus eigene Ensembles für Musiktheater, Ballett, Konzert und Schauspiel. Das Schauspielhaus steht in der Otto-von-Guericke-Str. 64.
Universitätspl. 9, Magdeburg, www.theater-magdeburg.de

Partymeile Hasselbachplatz

Sehr hübsch ist es hier nicht, aber lebendig. Am Hasselbachplatz tobt am Tag der Verkehr und nach Sonnenuntergang das Nachtleben. Am und um den Platz hat man die Wahl zwischen rund drei Dutzend Kneipen, Bars, Restaurants und Clubs. Empfehlungen auszusprechen, ist schwer möglich. Die Szene ist so vielseitig, dass man selber suchen muss.
Hasselbachplatz, Magdeburg, www.magdeburg-tourist.de

26 WOLFSBURG

Aqua

Er ist einer der absoluten Stars der deutschen 3-Sterne-Riege und wird als einer der besten Köche Europas, gar als ein »feinsinniger Künstler« (Der Feinschmecker) gerühmt. Wer Sven Elverfelds Kunst genießen möchte, sollte Erfahrung im Gourmet-Fach haben, rechtzeitig reservieren und nicht nach dem Preis fragen. Dann darf er über Elverfelds Apotheose des Alltäglichen jubeln – etwa über die legendäre Seezunge Finkenwerder Art.
Parkstr. 1, Wolfsburg, Di–Sa 19–21 Uhr, Tel. 0 53 61/60 60 56, www.restaurant-aqua.de

Beefclub

Nicht weit vom Gourmet-Heiligtum Aqua entfernt, residiert der auch sehr gute und merkbar günstigere Beefclub, eines von neun Restaurants in der Autostadt. Hier sieht man rot – bei der Betrachtung des Interieurs und beim Blick auf den Teller. Das erstklassige Rindfleisch kommt zu 80% aus Deutschland. Tolle Gin-Tonic-Variationen!
Stadtbrücke, Wolfsburg, tgl. 17.30–23 Uhr, Tel. 08 00/611 66 00, www.moevenpick-restaurants.com

Kein Don Quijote weit und breit: Mühlenmuseum in Gifhorn.

Kulturzentrum Hallenbad

Als es in den 1960er-Jahren noch bestimmungsgemäß genutzt wurde, spielte das Wolfsburger Hallenbad technisch und architektonisch in der ersten Liga. 2002 geschlossen und im Jahr 2007 nach aufwendigem Umbau wiedereröffnet, ist es heute wieder eine erstklassige Location, nun aber für Konzerte und Clubabende. Das Ambiente zwischen illuminierten Sprungtürmen und weiß gekacheltem Schwimmbecken ist toll.
Schachtweg 31, Wolfsburg, www.hallenbad.de

Mühlenmuseum

20 km westlich von Wolfsburg kann man im schönen, 16 ha großen Landschaftspark beim Welfenschloss 16 Wind- und Wassermühlen bewundern: von der Tiroler Wassermühle über das windbetriebene Modell Mykonos von den Kykladen bis zur Wassermühle aus den koreanischen Bergen. In der Ausstellungshalle sind zusätzlich rund vier Dutzend Modelle zu sehen. Auch andere tolle Gebäude sind zu sehen: die russisch-orthodoxe Holzkirche und der sehr frei an einen altrussischen Klosterbau angelehnte Glockenpalast, ein europäisches Kunsthandwerker-Institut.
Bromer Str. 2, Gifhorn, Mitte März–Okt. tgl. 10–18 Uhr, im Nov. nur für Gruppen nach Vereinb., www.muehlenmuseum.de

27 BRAUNSCHWEIG

Das Alte Haus

Gourmets haben es in Braunschweig leicht. Sie müssen nicht lange suchen, sondern dürfen gleich zu Enrico Dunkel ins Alte Haus, in dem es tatsächlich recht modern aussieht. Auf der Karte begegnen sich Allgäuer Ziege, Lüneburger Saibling und Holsteiner Rind, Eichsfelder Blutwurst und Tölzer Käse.
Alte Knochenhauerstr. 11, Braunschweig, Di–Sa 18–24 Uhr, Tel. 05 31/618 01 00, www.altehaus.de

Schadt's Brauerei Gasthaus

Für Biertrinker wahrscheinlich die beste Wahl – und zwar mitten im Zentrum. Die Hausmannskost (Würste, Steaks, Schweinenacken, Kartoffeln ...) ist deftig und macht satt, ausgezeichnet sind dafür das naturtrübe Pilsener sowie verschiedene Saisonbiere.
Marstall 2/Höhe 28, Braunschweig, Di–Sa 12–24 Uhr, Mo/So ab 17 Uhr, Tel. 05 31/40 03 49, www.schadts-brauerei-gasthaus.de

Staatstheater Braunschweig

Johann Wolfgang von Goethe dichtete mit »Faust – Der Tragödie erster Teil« das deutsche Nationaldrama. Und wer hat's uraufgeführt? Die Braunschweiger, und zwar am 19. Jan. 1829, wenn auch in einer gekürzten Fassung. Auch Lessings »Emilia Galotti« erlebte hier ihre Uraufführung. Das Staatstheater setzt die Tradition heute fort, mit vier Sparten (Schauspiel, Konzert, Oper und Tanztheater) an vier Spielstätten.
Am Theater, Braunschweig, www.staatstheater-braunschweig.de

Okertour

Die schönste Stadtrundfahrt in Braunschweig macht man mit dem Boot. Gesäumt von grünen Ufern, umschließt die Oker die Innenstadt. Man paddelt vorbei an prächtigen Villen und Gärten und legt einen Zwischenstopp am Beachclub der »Okercabana« ein – wo man übrigens SUPs (Stand-up-Paddelbretter) leihen kann. Auch Floßfahrten mit Bewirtung werden angeboten.
John-F.-Kennedy-Platz/Kurt-Schumacher-Straße, Braunschweig, tgl. 10–20 Uhr, www.okertour.de

Fruchtleder

Leder essen? Das geht, sehr gut sogar – wenn dieses »Leder« nämlich aus püriertem Obst besteht, aus dem man gar keine bunten Designerschuhe machen kann. Es ist zart, wohlschmeckend und eignet sich zum Naschen zwischendurch ebenso wie zum Süßen und Aromatisieren von Tees. Industriezucker, Geschmacksverstärker und Konservierungsmittel? Haben im Fruchtleder nichts verloren. Der gesunde Snack wird in Braunschweig produziert und u. a. auf Braunschweiger Wochenmärkten und in der Bäckerei »Brotkorb« (Rebenring 17) verkauft.
www.fruchtleder.de

Nein, es ist keine Salami: Pfiffige Braunschweiger trocknen Obst und machen daraus essbares »Fruchtleder«.

28 GOSLAR/HARZ

Ratsstuben

In Hahnenklee, zwischen Goslar und Clausthal-Zellerfeld, werden internationale Klassiker und regionale Spezialitäten (Harzer Forelle) in bester Qualität aufgetischt. Bemerkenswerte Wildschwein-Gerichte. Feine Auswahl an Bio-Weinen.
Rathausstr. 1A, Goslar-Hahnenklee, Mi–Sa und Mo 17–22 Uhr, So 13–21 Uhr,

Tel. 053 25/528 78 80,
www.ratsstuben-restaurant.de

Soup&Soul

Eine ganz neue Adresse und ein heißer Tipp mitten in der Fachwerk-Kulisse der Goslarer Altstadt. Statt deftiger deutscher Braten-und-Bier-Gastronomie gibt es hier ausgezeichnete vegetarische und vegane Gerichte. Und sogar das eine oder andere mit Fleisch und Fisch.
Petersilienstr. 5, Goslar,
Di–Do, So 12–20 Uhr,
Fr/Sa 12–21 Uhr,
www.soulkitchen-goslar.de

Goslarer Altstadt

Diese Stadt verdient besondere Erwähnung, weil sie mehr als 1000 Jahre alt und in dieser Zeit nie wirklich kaputtgegangen ist – sogar den Zweiten Weltkrieg überstand sie unbeschadet. Was die Unesco 1992 zum Welterbe erklärt hat, ist nicht nur eine Augenweide, sondern tatsächlich echt – und keine Rekonstruktion. Über den mittelalterlichen Dächern ist die Marktkirche mit ihren beiden unterschiedlichen Turmspitzen der Blickfang.
Tourist-Information, Markt 7,
www.goslar.de

Kunsthandwerk in Goslar

In acht Stübchen des 1254 erbauten Hospiz Großes Heiliges Kreuz werden Heimtextilien, Goldschmiedekunst, Woll- und Filzkreationen, Glas, Porzellan, Keramik und Steinzeug produziert und verkauft. Jedes Jahr am ersten Augustwochenende wird das Große Heilige Kreuz zum Mittelpunkt großen Kunsthandwerkermarkts in den Gassen und auf den Plätzen von Goslar. Und an den Adventwochenenden findet der festliche Hausmarkt statt.
Hoher Weg 7, Goslar,
Di–So 11–17 Uhr,
www.kunsthandwerk-goslar.de

Oberharzer Bergbauernmarkt

Im Oberharzer Luftkurort duftet es jeden Donnerstagabend zwischen Mai und Ende Okt. von 18–22 Uhr ganz verführerisch. Dann liegen in der Bornhardtstraße nicht nur Blumen, sondern auch Würste und Käse, Obst und Gemüse, Fisch und Fleisch zum Verkauf aus – das Beste, was die Region hergibt. Dazu Musik!
Bornhardtstraße, Clausthal-Zellerfeld,www.zellerfelder bauernmarkt.de

29 HANNOVER

Clichy

Feine französische Küche im Edelbistro: Küchenchef Ekkehard Reimann bietet »Luxus ohne Firlefanz«, dafür mit deutschen, italienischen und asiatischen Akzenten. Auch der Ausbildung des Gourmet-Nachwuchses in Hannover wird Rechnung getragen: Das Menu du marché – vier marktfrische Gänge inkl. korrespondierender Weine – kostet pro Person 58 €.
Weißekreuzstr. 31,
Hannover, Di–Fr 12–14 und 18–23 Uhr, Sa 17–23 Uhr,
Tel. 05 11/31 24 47,
www.clichy.de

Brauhaus Ernst August

Fein is(s)t man woanders. Ganz nah beim historischen Marktplatz lässt man sich in rustikalem Ambiente zur sättigenden Hausmannskost die hausgebrauten, naturtrüben Hanöversch-Bierspezialitäten aus Bio-Rohstoffen schmecken. Wer sich danach noch bewegen kann, darf in der hauseigenen Disco und evtl. zu Live-Musik abtanzen.
Schmiedestr. 13, Hannover,
Mo–Do 8–3 Uhr, Fr/Sa 8–5 Uhr, So 9–3 Uhr,
Tel. 05 11/36 59 50,
www.brauhaus.net

Staatstheater Hannover

Ihr großartiges Opernhaus gereicht den Hannoveranern zu Ehren und hohem Ansehen. Bei einem der Luftangriffe auf Hannover war das Königliche Hoftheater, das 1852 mit Mozarts »Hochzeit des Figaro« eröffnet worden war, 1943 zu Schutt und Asche zerfallen. Nach dem Krieg wurde es im historischen Stil wieder errichtet, seit 1970 nennt es sich Niedersächsisches Staatstheater.
Opernpl. 1, Hannover,
www.staatstheater-hannover.de

Alexander

So muss Kneipe. Das Mobiliar ist urig, die Küche deftig. Weder schick noch teuer, verströmt das »Alex« viel Charme und eine ausgesprochen freundliche Atmosphäre. Warme Mahlzeiten auch nach der Geisterstunde.
Prinzenstr. 10, Hannover,
Mo–Fr 11.30–3 Uhr, Sa/So 17–3 Uhr, Tel. 05 11/32 58 26,
www.alexander-hannover.de

30 KASSEL

Gutshof

Gleich neben dem Studio des Hessischen Rundfunks und unmittelbar am Fuß des Bergparks Wilhelmshöhe speist man in dem gemütlichen Landhaus mit Biergarten nicht selten in Gesellschaft Prominenter. Viel wichtiger ist aber das hohe Niveau der hessisch-bayerisch-elsässisch-italienischen Küche, deren Rohstoffe täglich frisch und oft in Bio-Qualität verarbeitet werden.
Wilhelmshöher Allee 347 A, Kassel, tgl. 12–23 Uhr, Tel. 05 61/325 25, www.restaurant-gutshof.de

Brauhaus Zum Rammelsberg

In einer schönen, ruhigen Wohngegend zwischen ICE-Bahnhof und Wilhelmshöhe bietet das Brauhaus drinnen wie im Biergarten Deftiges zum Sattwerden: Schnitzel, Steaks und Würste. Dazu die guten Hütt-Biere aus Baunatal.
Rammelsbergstr. 4, Kassel-Bad Wilhelmshöhe, Mo–Sa 17–24 Uhr, So 12–24 Uhr, Tel. 05 61/316 27 30, www.zum-rammelsberg.de

Feinkost Rohde

Sehr klein und von außen fast zu übersehen, ist dieses Delikatessengeschäft eine echte Kasseler Institution. Hier bekommt man Würste in Manufaktur-Qualität, aus besten Zutaten hergestellt. Es gibt Kasseler Ahle Worscht, Weckewerk und andere Culinaria aus Nordhessen – wie den Pfaffenberger Rohmilch-Hartkäse in Demeter-Qualität. Dass Dieter Rohde nicht nur Hesse, sondern auch Slowfood-Anhänger ist, merkt man an seinen eingeglasten Blut- und Leberwürsten, Sülze von Mangalitza-Freilandschweinen sowie von Bunten Bentheimern.
Frankfurter Str. 67, Kassel, Mo–Do 6.30–14, Fr 6.30–18, Sa 6.30–13 Uhr, www.feinkost-rohde.de

Staatstheater Kassel

Kassel rühmt sich des ältesten festen Theatergebäudes nördlich der Alpen: Schüler des Collegium Mauritianum führten anno 1605 schon die »Antigone« von Sophokles auf. In der Saison 2002/03 feierte das Staatsorchester Kassel als Nachfolger der Landgräflichen Hofkapelle seinen 500. Geburtstag, und im Jahr 2007 wurde der nach dem Krieg errichtete Neubau des Staatstheaters nach langer Sanierung wiedereröffnet. Fast 500 feste Mitarbeiter liefern das volle Programm: Oper, Schauspiel, Ballett, Kinder- und Jugendtheater, Konzerte ...
Friedrichspl. 15, Kassel, www.staatstheater-kassel.de

Bergpark Wilhelmshöhe

Dieses Unesco-Welterbe (seit dem Jahr 2013) ist nicht neu. Man muss es trotzdem gesehen haben. 238 m Höhenunterschied liegen zwischen dem Schloss und dem höchsten Punkt der Parkanlage, wo auf dem Riesenschloss das Oktogon (Besteigung 15. März–15. Nov. Di–So 10–17 Uhr, Mai–Sept. auch Mo) mit der Herkulesstatue, dem Wahrzeichen Kassels, steht. An seinem Fuß beginnen die berühmten Wasserspiele mit den Stationen Riesenkopfbecken, Kaskaden, Wasserfall, Teufelsbrücke, Aquädukt und Große Fontäne – von Juni bis Sept. jeweils am ersten Sa im Monat sogar bei Nacht und illuminiert!
Schlosspark 1, Kassel, Schloss Di–So 10–17 Uhr, Mi 10–20 Uhr, Besucherzentrum Herkules Di–So 10–17 Uhr, 1. Mai–3.Okt. auch Mo 10–17 Uhr, Wasserspiele 1. Mai–3. Okt. Mi/So ab 14.30 Uhr, www.museum-kassel.de

31 MÜNSTER

Drübbelken

Zum tragenden Fachwerk passt die gehaltvolle Hausmannskost. Wer den berühmten Backofenschinken haben möchte, muss vorbestellen. Immer zu haben sind dagegen Schinkenschnittchen, Pfefferpotthast (eine Art Rindergulasch) und viele feine Pfannengerichte.
Buddenstr. 14–15, Münster, Mo–Fr 11.30–14.30 und 17.30–24 Uhr, Sa/So 11.30–24 Uhr, Tel. 02 51/421 15, www.druebbelken.de

La Costanera

Peruanisch ist das neue Französisch. Im Norden der Altstadt gelegen, wird hier lateinamerikanische Küche der gehobenen Art serviert. Besonders gut versteht man sich auf Fisch.
Bergstr. 19–20, Münster, tgl. 17–1 Uhr, Mai–Dez.

auch 12–15 Uhr, Tel. 02 51/28 77 96 67, www.am-aasee.de

Hafenfest

Immer am ersten Juni-Wochenende steigt das Münsteraner Großevent: drei Tage, drei Bühnen und mehr als drei Menschen, die sich an den Buden und in den Kneipen rund ums Wasser vergnügen. www.ms-hafenfest.de

Kuhviertel

Eine richtige Studentenstadt braucht anständige Kneipen. In Münster findet man sie in besonderer Dichte im malerischen Kuhviertel am Nordrand der Altstadt. Hier kann man z. B. bei der Altbierbrauerei Pinkus Müller (Kreuzstr. 4–10) einkehren und auf den langen Holztischen nachlesen, wer schon alles hier gewesen ist. Kuhstraße–Rosenplatz–Kreuzstraße, www.tourismus.muenster.de

Prinzipalmarkt und Stubengasse/Hansecarré

Sightseeing und Shoppen kann man hier idealtypisch verbinden – und zwar schon seit dem 15. Jh. Zwischen Stadthausturm, Rathaus und Lambertikirche haben sich Münsteraner Kaufleute in schönen Patrizierhäusern eingerichtet: der Juwelier J. C. Osthues zum Beispiel, die Kaffeeröster von »40/43 – Schnitzlers liebste Bohne«, die Damen- und Herrenausstatter der Modehäuser Schnitzler und Petzhold und und und ... Nur etwa 200 m und mehrere hundert Jahre weiter setzt das neu gestaltete Quartier der Stubengasse mit dem Hansecarré einen modernen Kontrapunkt. www.prinzipalmarkt.de www.stubengasse-muenster.de

Aufgestiegen: Im Kuhviertel in Münster lebten früher arme Leute, heute ist es als buntes Kneipenareal beliebt und bekannt.

32 DUISBURG

Walsumer Hof

Urige Wirtschaft nördlich des Landschaftsparks am Rhein. In unmittelbarer Nachbarschaft der imposanten Industrieanlagen ist die Atmosphäre besonders herzlich – und die Fischgerichte sind grandios. Hauseigene Räucherei! Rheinstr. 16, Duisburg, Di–So ab 16.30 Uhr, März–Sept. auch So 12–19.30 Uhr, Tel. 02 03/49 14 54, www.walsumerhof.de

Bistro NT

Gourmet-Adresse neben dem Hauptbahnhof. Die feine, aber keineswegs überkandidelte Küche steht auf einer mediterranen Basis und unternimmt gern Ausflüge in asiatische Gefilde. Neudorfer Str. 33, Duisburg, Mo–Fr 12–15 und 18–0 Uhr, Sa 18–0 Uhr, Tel. 02 03/318 65 50, www.bistro-nt.de

Duisburger Filmwoche

Doku ist die neue Fiction. Die Duisburger Filmwoche im November widmet sich dem deutschsprachigen Dokumentarfilm, der in den letzten 30 Jahren nicht nur ein fantastisches Niveau, sondern auch ein begeistertes Publikum erreicht hat. Produktionen aus der Schweiz und Österreich sind ebenfalls zu sehen, Veranstaltungsorte sind das Filmforum Duisburg und das Grammatikoff. www.duisburger-filmwoche.de

Wasserwelt Wedau

200 ha misst der Sportpark zwischen dem Hauptbahnhof und dem Bahnhof Duisburg-Wedau, etwas mehr als ein Viertel davon ist Wasser. Bundes- und Landesleistungszentren wie auch zahlreiche Verbände nutzen das Gelände. Die Wasserwelt Wedau bietet aber nicht nur ein großes Trainings- und Wett-

bewerbsareal, sondern auch ein familienfreundliches Strandbad mit Wasserspielplatz, den 1200 m langen Erlebniskanal mit seinen schönen Uferwegen, einen Hochseilklettergarten (www.tree2tree.de) und eine Wasserski- bzw. Wakeboarding-Anlage. Auf dem Omniparcours wandert man über den Weg der Sinne, den Weg der Bewegung und den Weg des Wissens, faul sein darf man aber auch: an der Bar oder am Grill.
Bertaallee/Friedrich-Alfred-Str., Duisburg, Strandbad Apr.–Nov. tgl. 13 Uhr bis Sonnenuntergang, www.wasserweltwedau.de

Halde Haniel
Bergwandern im Ruhrgebiet, in wuchernder Natur, mit sagenhaftem Rundumblick: Unter den künstlichen Bergen – Halden aus dem Abraum der Zechen, aus Trümmern, Industrieschlacke, Bauschutt und Müll – ist die Halde Haniel mit 185 m die höchste. Ein Kreuzweg führt von Süden durch dichte Vegetation hinauf zur eindrucksvollen Reihe der 100 bunten Totempfähle, die sich über den Gipfel ziehen. Die sehr informative private Website (s. u.) listet auch alle anderen Halden im Revier.
Kirchhellener Str., Oberhausen, oder Fernewaldstr., Bottrop, www.halden.ruhr

33 ESSEN

Casino Zollverein
Lüster hängen von der 12 m hohen Decke der ehemaligen Turbinenhalle. Direkt neben der beeindruckenden Kokerei im Welterbe Zollverein tafelt man heute in hyperrealistisch gestyltem Industrieambiente. Auf den Tellern: neo-urbane Weltküche mit regionalen, teils selbstgeernteten Zutaten aus dem 1 km entfernten Casino-Garten.
Gelsenkirchener Str. 181, Essen, Di–Sa 11.30–0 Uhr, So (ab Juli) 11.30–14.30 Uhr, Tel. 02 01/83 02 40, www.casino-zollverein.de

Dampfe – Borbecker Brauhaus
Bei schönem Wetter im Biergarten, bei schlechtem in einer der urigen Stuben: Die Dampfe im Stadtteil Borbeck ist eine Essener Institution. Gegessen wird alles, was satt macht (Currywurst, Ofenkartoffeln, Steaks), getrunken das ausgezeichnete Bier – sehr zu empfehlen z. B. das bernsteinfarbene Salonbier oder das naturtrübe Zwickel.
Heinrich-Brauns-Str. 9–15, Essen, Mo–Do 11–0 Uhr, Fr/Sa 11–1 Uhr, So 10.30–0 Uhr, Tel. 02 01/63 00 70, www.dampfe.de

Industriecharme at its best: Ambiente im Casino Zollverein in Essen.

Shoppen auf der »Rü«
Von der Philharmonie südlich des Hauptbahnhofs zieht sie gerade nach Süden. Auf der Rüttenscheider Straße und ihren vielen Nebenstraßen ist Shoppen noch ein sozialgeschichtliches Gesamterlebnis – eine Reise in die Zeit, als Shops noch Läden oder Geschäfte hießen, vernünftige Größen hatten und dennoch alles boten, was man zum guten Leben braucht: Änderungsschneidereien, Teppiche, Bio-Lebensmittel, Sanitätshäuser, Blumen, Frisöre, Restaurants, Buchläden ...
Rüttenscheider Straße, Essen, www.igruettenscheid.de

Lichtburg
Deutschlands größter (1250 Sitzplätze) und vielleicht schönster Kinosaal ist eine Kultstätte für Cineasten: Seit 1928 sind hier viele Uraufführungen und Deutschland-Premieren über die riesige Leinwand gelaufen, und die Stars guckten mit: Buster Keaton, Gary Cooper, Romy Schneider, Wim Wenders, Tom Tykwer ... Sorgfältig restaurierte 1950er-Jahre-Optik und zeitgemäße Technik. 2003 wurde im Untergeschoss ein hochmoderner zweiter Kinosaal eingerichtet.
Kettwiger Str. 36, Essen, www.lichtburg-essen.de

Philharmonie
Die 2000 Zuschauer im Alfried-Krupp-Saal, dem größten Konzertsaal des Ruhrgebiets,

bekommen was zu hören: Nach der umfassenden Renovierung 2004 ist die 100 Jahre vorher von Richard Strauss eröffnete Philharmonie nicht nur schön wie eh und je, sie bietet auch eine sagenhafte Akustik. Das Programm spiegelt die Lust der Essener an neuer E-Musik ebenso wider wie ihre geringe Scheu vor dem »U«. Klassik-Stars werden ebenso beklatscht wie Popgrößen.
Huyssenallee 53, Essen,
www.philharmonie-essen.de

Aalto-Theater
1959 stellte der finnische Architekt Alvar Aalto seinen Plan für ein neues Opernhaus an der Ruhr vor, aber erst 1988, zwölf Jahre nach Aaltos Tod, war es fertig. Heute gilt es längst als eine der bedeutendsten Architektur-Ikonen der Nachkriegszeit – und künstlerisch zu den besten Opernhäusern Deutschlands.
Opernpl. 10, Essen,
www.aalto-musiktheater.de

34 DÜSSELDORF

Brauerei zum Schiffchen
Unter den vielen Brauhäusern Düsseldorfs ist es eines der »feinen« und mit 380 Jahren ist es zudem das älteste Restaurant der Stadt. Das Ambiente ist entsprechend stimmungsvoll, drinnen wie draußen im Biergarten. Zum Frankenheimer Alt vom Fass gibt es rheinische Hausmannskost – und natürlich »Himmel und Ähd«, das Düsseldorfer Leibgericht mit gebratener Blutwurst und Apfel-Kartoffelpüree.
Hafenstr. 5, Düsseldorf,
tgl. 11.30–24 Uhr,
www.brauerei-zum-schiffchen.de

Nagaya
Yoshizumi Nagaya ist der Name des Meisterkochs, der den Purismus der japanischen Spitzenküche mit europäischer Raffinesse zu einer »Fusion« verbindet, deren Ergebnisse schlicht umwerfend schmecken. Sushi und Sashimi treffen auf Gänsestopfleberterrine und Pyrenäenkalb. Man bestelle das elfgängige Degustationsmenü!
Klosterstr. 42, Düsseldorf,
Di–Sa 12–14 und 19–22 Uhr,
Tel. 02 11/863 96 36,
www.nagaya.de

Nachtresidenz
In der »Modestadt Düsseldorf« (Die Toten Hosen, 1983) ist es der richtige Ort, um unter schönen Menschen den Abend zu verbringen. Trotz Türsteher und Dresscode gehört die Nachtresidenz seit Jahren zu den besten Clubs in NRW. Der hohe Kuppelsaal mit der großen Tanzfläche, eingerahmt von einer Empore mit Bar, ist toll, die Musik treibt eher auf dem Mainstream: mal House, mal R'n'B, bisschen Disco, Latin, Soul ...
Bahnstr. 13, Düsseldorf,
Sa und vor Fei ab 22,
Fr ab 23 Uhr, open end,
www.nachtresidenz.de

Bar Ellington
Die Nachbarschaft lässt »irgendwas mit roten Lichtern« vermuten, aber hinter der Tür von Scheurenstraße Nr. 5 betritt man eine ausgezeichnete, klassische Bar. Im stilvollen Interieur genießt man die vielleicht besten Cocktails der Stadt. Was man noch wissen sollte: Im Ellington darf geraucht werden.
Scheurenstr. 5, Düsseldorf,
Di–Sa 20–3 Uhr,
Tel. 02 11/311 39 00

Radtour nach Kaiserswerth
Düsseldorf ist Mitglied der Arbeitsgemeinschaft Fahrradfreundliche Städte, also leiht man sich ein Fahrrad aus und radelt immer am Rhein entlang ins postkartenschöne Kaiserswerth, wo nicht nur die Ruine der Kaiserpfalz von Friedrich Barbarossa, sondern ein idyllisches Gewimmel niedlichster Gässchen zu entdecken ist. Besonders schön ist das Ensemble am Stiftsplatz mit der ehemaligen Stiftskirche St. Suitbertus. Am Wochenende wimmelt es übrigens doppelt – wer kann, kommt unter der Woche.
www.duesseldorf-tourismus.de
www.kaiserswerth.de

35 KÖLN

Vendôme
Joachim Wissler ist einer der drei besten Küchenchefs Deutschlands, je nach Rangliste sogar der Beste – mit drei Michelin-Sternen und 19,5 Gault-Millau-Punkten. Im barocken Schloss Bensberg in Bergisch-Gladbach lädt er zu ganz und gar unbarocken »Entdeckungsreisen« ein. Wer sich »Milchferkelschnäuzchen (süß-sauer : Gillardeau Auster)«, »Zuckerschnäuzchen

(Schnauze voll : Himbeer : Bubble Gum)« und dergleichen mehr servieren lassen möchte, sollte vorher geübt und den Kontostand gecheckt haben.
Kadettenstraße, Bergisch-Gladbach, Mi–So ab 19 Uhr, Sa/So auch 12–14 Uhr, Tel. 022 04/420, www.schlossbensberg.com

Päffgen

Hinter der schmalen Fassade öffnen sich ungeahnte Tiefen. Das traditionsreiche Brauhaus ist die letzte der einst zahlreichen Hausbrauereien in der Domstadt und natürlich eine der besten Adressen, um frisches Kölsch zu trinken, das hier noch unpasteurisiert von Holzfässern gezapft wird. Das Essen? Deftig! Die zwei Kastanien im wunderbaren Biergarten hat Brauereigründer Hermann Päffgen im Jahr 1884 selbst gepflanzt.
Friesenstr. 64–66, Köln, So–Do 10–24 Uhr, Fr/Sa 10–0.30 Uhr, Tel. 02 21/13 54 61, www.paeffgen-koelsch.de

Wallraf-Richartz-Museum und Fondation Corboud

2001 mitten im Zentrum eröffnet, gibt das berühmte Kunstmuseum darüber hinaus Kunst aus 700 Jh. ein modernes Zuhause: von Dürer und Cranach bis zu van Gogh, Cézanne, Gauguin und Munch. Absolutes Alleinstellungsmerkmal ist jedoch die größte Sammlung von Impressionisten und Neoimpressionisten in Deutschland: Manet, Monet, Renoir, Pissarro, Sisley, Morisot, Signac, Seurat ... Großartig ist auch das Graphische Kabinett, das Zeichnungen von Leonardo da Vinci und Albrecht Dürer zeigt, aber auch Blätter von Max Liebermann und Auguste Rodin.
Obenmarspforten 40, Köln, Di–So 10–18 Uhr, Do bis 21 Uhr, jeder 1. Do/Monat 10–22 Uhr, freier Eintritt, www.wallraf.museum

Schauspiel

Listet man die Auszeichnungen auf, dann handelt es sich wohl um das beste Theater in NRW: »Bestes Sprechtheater« bei der jährlichen Kritikerumfrage des Magazins Theater Pur und »Theater des Jahres« bei Theater heute; »Inszenierung des Jahres«, »Beste deutschsprachige Aufführung« und der Faust-Preis für die »beste Ausstattung« (»Die Schmutzigen, die Hässlichen und die Gemeinen«) – das alles allein im Jahr 2010, in dem auch noch andere Kölner Inszenierungen weitere Preise gewannen. Im Juni 2012 begannen umfassende Sanierungsarbeiten, die das Ensemble zwischenzeitlich in die Expo XXI am Gladbacher Wall vertrieben haben.
Gladbacher Wall 5, Köln, www.schauspielkoeln.de

Claudius-Therme

1912 stieß ein Bohrtrupp in Köln-Stammheim in 70 m Tiefe auf kohlensäure- und chloridreiches Mineralwasser. Vier Brunnen wurden gezapft, der letzte 1967 in einer Tiefe von 1027 m. In der modernen Claudius-Therme füllt das mit 28,5 Grad von Natur aus nur mäßig warme Thermalwasser, auf 33 bis 37 Grad erwärmt, diverse Innen- und Außen-, Bade- und Sitzbecken. Abends und am Wochenende wird der Erholung mit farbigem Licht und Musik nachgeholfen. Toll ist das Schwebebecken, wo man in einer 15%-Sole die Schwerelosigkeit genießt.
Sachsenbergstr. 1, Köln, tgl. 9–24 Uhr, www.claudius-therme.de

36 BONN

Maternus

Die »Bonner Republik« ist ohne Ria Maternus nicht denkbar. Die Gastronomin hatte jede Menge prominenten Besuch von deutschen Kanzlern (Adenauer, Erhard, Brandt, Schmidt) und ihren ausländischen Gästen (Truman, Eisenhower, Kennedy, de Gaulle). Nach ihrem Tod übernahm Adoptivsohn Erwin Drescher-Maternus im Jahr 2001 die Weinstube am Bahnhof in Bad Godesberg – wo er weiterhin gutbürgerliche deutsche Küche auf hohem Niveau serviert.
Löbestr. 3, Bonn, tgl. ab 17 Uhr, So ab 11.30 Uhr, Tel. 02 28/36 28 51, www.maternus-godesberg.de

Le Petit Poisson

Ein kleiner Fisch? Ganz und gar nicht. Mit jeglichem Getier aus süßen und salzigen Gewässern liegt man garantiert goldrichtig, Chefkoch Ludwig Reinarz kann aber auch Wiener Schnitzel.
Wilhelmstr. 23a, Bonn, Di–Sa 18–1 Uhr, So ab 11.30 Uhr, Tel. 02 28/63 38 83, www.lepetitpoisson.de

Drachenfels und Siebengebirge

Mit der Stadtbahn Linie 66 geht es ab Bonn-Hbf. nach Königswinter auf der rechten Rheinseite und am Fuß der waldgrünen Höhen des Siebengebirges mit dem Drachenfels entlang, den der liebeskranke Lord Byron 1816 in einer Ballade zum heiligen Berg der deutschen Romantik machte. Hinauf kommt man mit der 1883 in Betrieb gegangenen Zahnradbahn. Im Naturpark Siebengebirge, dem ältesten Naturschutzgebiet Deutschlands, ist man aber am besten zu Fuß unterwegs. Wunderschön ist der Weg von Rhöndorf, am Fuß des Drachenfels in Bad Honnef, zur aussichtsreichen Ruine der Löwenburg, vorbei am verwilderten Stenzelberg-Steinbruch auf den Petersberg und hinab zur Klosterruine Heisterbach.
Drachenfelsstr. 51, Königswinter, Mai–Sept. 9–19, Apr. 10–19, März/Okt. 10–18 Uhr alle 30 Min., im Winter eingeschr., www.drachenfelsbahn-koenigswinter.de

37 BREMM/MOSEL

Spitzhäuschen

Dass man sich in diesem 600 Jahre alten, unverschämt fotogenen Fachwerkhaus mitten in Bernkastel-Kues überhaupt umdrehen kann, verblüfft. Das schmalste Haus im Ort beherbergt tatsächlich die Vinothek der Familie Schmitz-Herges. Wer einen Platz bekommt, kann darüber hinaus über eine Winzerplatte genießen.

Einfach mal treiben lassen: zum Beispiel im wohltuenden Heilwasser der Claudius Therme in Köln (➤ S. 28).

Karlsstr. 13, Bernkastel-Kues, Di–Fr 15–22.30 Uhr, Sa 15–23.30 Uhr, So 14–19 Uhr, Tel. 065 31/16 00, www.spitzhaeuschen.de

Cavallerie

Erstklassige Adresse mitten in Traben-Trarbach. Die Karte ist klein, sie bietet eine mediterran grundierte Frischeküche mit vereinzelten asiatischen Akzenten. Dass das Brot selbstgebacken ist, bedarf kaum einer Erwähnung. Unbedingt reservieren – es gibt nur acht Tische.
Bahnstr. 25, Traben-Trarbach, Mo–Sa ab 17.30 Uhr, Tel. 065 41/818 93 58, www.restaurant-cavallerie.de

Burg Eltz

Unter den vielen schönen und romantischen Burgen ist sie vielleicht die schönste und romantischste: mit hohen Mauern und vielen Türmchen hoch oben auf einem steilen Felsen, ringsum von Wald umgeben. Das Anfang des 12. Jh. erbaute und unglaublich fotogene Gemäuer wurde nie erobert oder verwüstet und bietet Besuchern einen Rundgang durch 800 Jahre Kunst- und Kulturgeschichte. Man kann von Moselkern mit dem Auto durchs Eltztal anreisen. Der schönste Weg zur Burg ist aber der zu Fuß: von Karden auf dem Mosel-Höhenweg zur Burg Eltz, durchs Elztal nach Moselkern, hinüber nach Müden und über den »Buchsbaumpfad« (nördlichstes natürliches Vorkommen von Buchsbaum in Europa) zurück nach Karden.
Münstermaifeld, Apr.–Okt. tgl. 9.30–17.30 Uhr, www.burg-eltz.de

38 SAARBRÜCKEN

Gästehaus

Souverän verteidigt Gastgeber Klaus Erfort neben drei Michelin-Sternen und 19,5 Gault-Millau-Punkten seinen Ruf als Purist unter den deutschen Spitzenköchen. »Die Wahrheit liegt auf dem Teller« lautet das

Motto des Meisters, der die einzelnen Zutaten handwerklich perfekt zubereitet und nur sparsam begleitet als kulinarische Heiligtümer auf dem Teller inszeniert. Zur Legende geworden ist die auf Meersalz gegarte Langoustine Royale. Wer sich diese Offenbarung gönnen möchte, sollte seinen Platz im ehemaligen Gästehaus der Saarkohle viele Wochen im voraus reservieren.
Mainzer Str. 95, Saarbrücken, Di–Fr ab 12 und ab 19 Uhr, Sa ab 19 Uhr, Tel. 06 81/9 58 26 82, www.gaestehaus-erfort.de

Zum Stiefel

Keine Sterne, keine Schwellenängste, hier traut sich jeder rein. Man isst deftig und trinkt Bier dazu – glaubt man den Betreibern, schon seit 1702. Das Brauereigasthaus ist der richtige Ort, um »Gefillde« zu probieren, die saarländische Spezialität schlechthin: Kartoffelklöße mit einer würzigen Hackfleisch-Leberwurst-Füllung, zu denen Specksoße und Sauerkraut serviert werden. Hierzu wie zu allen anderen Gerichten auch genießt man die unfiltrierten Hopfensäfte von Stiefel Bräu oder Bruch.
Am Stiefel 2, Saarbrücken, Mo–Sa 11.45–14.30 und 18–23 Uhr, Tel. 06 81/93 64 50, www.stiefelgastronomie.de

Filmhaus

Für Hollywood-Blockbuster der falsche Ort: Das Saarbrücker Filmhaus ist eine der besten Adressen für Cineasten in Deutschland. In den drei Sälen wird amerikanisches Independent-Kino neben europäischen Autorenfilmen gezeigt, man sieht Werke von jungen deutschen Autoren und Regisseuren aus Lateinamerika, Afrika oder Asien. Das Filmhaus ist auch die Wiege des Max-Ophüls-Festivals, auf dem sich Nachwuchsfilmer aus Deutschland, Österreich und der Schweiz jeden Januar dem Publikum präsentieren.
Mainzer Str. 8, Saarbrücken, www.filmhaus-saarbruecken.de

Villeroy & Boch Outlet Center

Porzellan für den Adel, Töpferware mit Keramikglasur für alle anderen: 1748 begann das deutsch-französische Unternehmen, die Tischkultur zu demokratisieren. Davon zeugt die Ausstellung im Erlebniszentrum von Villeroy & Boch. Neben dem sehenswerten Keramikmuseum auf dem historischen Fabrikgelände gibt es natürlich auch einen Werksverkauf: Keramik, Porzellan, Glas und Accessoires. Von Saarbrücken nach Mettlach sind es zwar gut 50 km, die Fahrt lässt sich aber ideal mit dem Besuch der größten Natursehenswürdigkeit im Saarland verbinden: der grandiosen Saarschleife (Zufahrt zum Aussichtspunkt Cloef bei Orscholz, ca. 7 km von Mettlach).
Saaruferstraße/Alte Abtei, Mettlach, Apr.–Okt. Mo–Fr 9–18 Uhr, Sa/So 9.30–18 Uhr, www.villeroy-boch.com

39 LUDWIGSHAFEN

Fellini al Teatro

Seit Restaurant-Tester Rach hier war, ist diese Adresse zwar kein Geheimtipp mehr, aber immer noch äußerst empfehlenswert. Hier wird großartige Öko-Bio-Slowfood-Küche sehr individuell inszeniert.
Theaterpl. 10, Ludwigshafen, tgl. 17.30–22.30 Uhr, Tel. 06 21/65 05 53 77, fellini-al-teatro-christianrach.lima-city.de

So müssen Röstaromen: Familie Mohrbacher stellt in Ludwigshafen schon in der dritten Generation Kaffee her (➤ S. 31).

Restaurant Heimat

Die Lage direkt am Rheinufer, genauer: an Bord eines Schraubendampfers aus dem Jahr 1926, ist schon mal toll. Und die Küche hält das Niveau: Die Steaks und Schnitzel, Pasta und Burger, Fische und Salate schmecken sehr gut.
Antwerpener Str. 42, Mannheim, Mo/Mi–Fr 17–22 Uhr, Sa 17–22 Uhr, So 11.30–22 Uhr, Tel. 0621/893960, www.heimat-mannheim.de

Mohrbacher Kaffeerösterei

In der BASF-Stadt Ludwigshafen setzt Familie Mohrbacher-Bischof bereits in der dritten Generation auf die natürlichen Aromen der roten, handgepflückten Arabica-Kaffeekirsche aus Anbaugebieten in Lateinamerika, Asien, Afrika und Ozeanien. Jede der mehr als 35 Kaffee- und Espressosorten wird traditionell in der Trommel geröstet und handverlesen. Spezialitäten sind u. a. der ökologisch angebaute und fair gehandelte Maya-Kaffee aus dem Hochland von Mexiko sowie die Premium-Kaffeemischungen »Pfälzer Spitze« und der Jubiläums-Kaffee, der zum 75-jährigen Firmenjubiläum kreiert wurde.
Mundenheimer Str. 233, Ludwigshafen, Mo–Fr 8–13 und 14.30–18 Uhr, Sa 8.30–13 Uhr, www.mohrbacher.de

Deutsche Staatsphilharmonie Rheinland-Pfalz

Am häufigsten musizieren sie im Konzertsaal im Pfalzbau in der Berliner Str. 30, aber eine feste Heimat haben die 88 Musikerinnen und Musiker in Ludwigshafen nicht. Sie spielen z. B. auch im BASF-Feierabendhaus (Leuschnerstr. 47), im Capitol Mannheim, in der Friedenskirche in Ludwigshafen oder in der Mannheimer Christuskirche. Im Jahr 1919 wurde das »Landes-Sinfonie-Orchester für Pfalz und Saarland« in Landau gegründet. Unter den Chefdirigenten Christoph Eschenbach und Leif Segerstam wurden sie eines der besten deutschen Konzertorchester. Bemerkenswert ist das konzertpädagogische Programm »Listen To Our Future«, das seit 2005 realisiert wird, um junge und sehr junge Zuhörer für die Orchestermusik zu gewinnen – wozu auch eine gut gemachte Website gehört.
www.staatsphilharmonie.de, www.listen-to-our-future.de

Dom zu Speyer

Seit dem Jahr 1981 gehört der Dom zum Unesco-Welterbe. Acht deutsche Kaiser und Könige haben in der größten romanischen Kirche Europas ihre letzte Ruhe gefunden. Mehrfach stark beschädigt und wieder auf- bzw. umgebaut, sieht der Dom mit seinen sechs Türmen und drei Kirchenschiffen heute dem 1061 geweihten Bau immerhin so ähnlich wie seit einigen Hundert Jahren nicht mehr. Die historisch korrekte Rekonstruktion vermittelt einen überwältigenden Raumeindruck.
Domplatz, Speyer, Apr.–Okt. 9–19 Uhr, Nov.–März 9–17 Uhr, www.dom-speyer.de

40 FRANKFURT

Heimat

Heimat, das sind in diesem Fall die 1950er-Jahre. Der ovale Glaspavillon mitten in der Innenstadt bietet zu seinem umwerfenden Retro-Ambiente aber sehr zeitgemäße und ambitionierte Bistro-Gerichte, die unter den Augen der Gäste an der Theke zubereitet werden und hervorragend schmecken. Daneben gibt es Tapas, Käse, Wurst und ausgezeichnetes Brot. Auch die Weinkarte und der Service überzeugen.
Berliner Str. 70, Frankfurt, tgl. 18–1 Uhr, Tel. 069/29 72 59 94, www.heimat-frankfurt.com

Lafleur

Es ist und bleibt eine der besten Frankfurter Gourmetadressen. Im März trat Zwei-Sterne-Koch Andreas Krolik den Dienst im herrlich gelegenen Gesellschaftshaus am Palmengarten an. Er brachte nicht nur seine anerkannte Expertise in Sachen Fisch mit, sondern auch seine meisterhaften Interpretationen veganer Küche.
Palmengartenstr. 11, Frankfurt, Di–Sa 18.30–24 Uhr, Mi–Fr auch 12–15 Uhr, Tel. 069/90 02 91 00, www.restaurant-lafleur.de

Dresden Frankfurt Dance Company

2005 gründete der New Yorker Bewegungsrevolutionär William Forsythe in Fankfurt die Forsythe Company. Seit der Spielzeit 2015/16 tritt das fantastische Ensemble unter neuem Namen und der künst-

lerischen Leitung des Italieners Jacopo Godani auf. An den beiden Spielorten der Company, dem Bockenheimer Depot in Frankfurt und der Dresdner Hellerau, wird demonstriert, was modernes Tanztheater ist: eine multimediale Verbindung von Performance, bildender Kunst und Architektur.
Carlo-Schmid-Pl. 1, Frankfurt, www.dresdenfrankfurt dancecompany.de

Affentor

Ein tolles Projekt und eine beispielhafte Erfolgsstory: Angeregt von der gemeinnützigen Werkstatt Frankfurt hat die Designerin Eve Merceron im Mai 2001 damit begonnen, Taschen aus Alttextilien zu entwerfen und zu verkaufen. Längst ist das Label Affentor Kult. Für den Look der Taschen und Accessoires sorgen Nachwuchsdesigner, für die Verarbeitung qualifizierte Näherinnen, die so oft aus der Langzeitarbeitslosigkeit gefunden haben.
Fahrgasse 23, Frankfurt, Di–Sa 11–19 Uhr, www.affentor.de

22nd Lounge

Frankfurt by night, das kann man kaum schöner erleben als im 22. Stock des luxuriösen Innside-Hotels – auf edlem Holzfußboden, in schicken schwarzen Sesseln zwischen kupferfarbenen Wänden. Auf den 45 Sitzplätzen bekommt man zum Panorama (raumhohe Fenster!) ausgezeichnete Cocktails und Live-Musik.
Neue Mainzer Str. 66, Frankfurt, So–Do 18–1 Uhr, Fr/Sa 18–3 Uhr, www.innside.com/de/22nd-barlounge-frankfurt.html

Palmengarten und Botanischer Garten

Hier atmet Frankfurts grüne Lunge: Direkt neben dem Botanischen Garten der Johann-Wolfgang-Goethe-Universität und dem Grüneburgpark liegt im Stadtteil Westend der Palmengarten, mit 22 ha einer der größten seiner Art in Deutschland. 1871 wurde er eröffnet. Nach grundlegenden Renovierungen der prächtigen tropischen und subtropischen Gewächshäuser in den 1980er- und frühen 1990er-Jahren öffnete im Jahr 2012 auch das runderneuerte Gesellschaftshaus wieder seine Tore (s. Restaurant Lafleur, S. 31).
Siesmayerstr. 61/Palmengartenstr., Frankfurt, Feb.–Okt. 9–18 Uhr, Nov.–Jan. 9–16 Uhr, www.palmengarten.de

41 KARLSRUHE

Zum Ochsen

Fast schon legendär ist die Weinkarte (1120 Posten!) des weithin bekannten Gourmet-Restaurants, das sich nebenbei eben noch eine richtige Vinothek leistet. Zwischen holzvertäfelten Wänden wird feine französische Küche serviert, die ihren Preis hat. Schon seit 1981 heißen die Gastgeber Anita und Gérard Jollit, die sich im Haus und am Herd mittlerweile durch Sohn Alexandre unterstützen lassen.
Pfinzstr. 64, Karlsruhe-Durlach, Mi–So 12–14 und 18–21.30 Uhr, Tel. 07 21/94 38 60, www.ochsen-durlach.de

Kommödchen

Nur 30 Sitzplätze gibt es, und dazu nicht allzu viel Ellenbogenfreiheit. Aber das Wohnzimmer-Ambiente ist einfach zu nett, und außerdem ist die Küche toll – irgendwo zwischen Mittelmeer, Asien, Neuer Welt und Baden. Wer will, nennt es Fusion. Absolut zentrale Lage.
Marienstr. 1, Karlsruhe, Di–So ab 18 Uhr, Tel. 07 21/350 58 84, www.kommoedchen-ka.de

Staatstheater

Hinter den großen Bühnen in München und Stuttgart hat sich das Staatstheater in Karlsruhe einen ausgezeichneten Ruf erworben. Nicht nur das Opernprogramm und die Konzerte der Badischen Staatskapelle erhalten regelmäßig gute Kritiken, auch das Sprechtheater bietet von Shakespeare über Kleist und Beckett bis Jelinek ein komplettes Programm. 2014 wurde eine umfassende Sanierung und Erweiterung des Gebäudekomplexes am Ettlinger Tor beschlossen. Der Spielbetrieb soll dabei weitergehen.
Baumeisterstr. 11, Karlsruhe, www.staatstheater.karlsruhe.de

42 BADEN-BADEN

Schneider's Weinstube & Vinothek

Eine Instituition der Badener Gastronomie – unweit des Museums Frieder Burda ge-

legen, urig-rustikal eingerichtet, mit herzlicher Atmosphäre und einer wunderbaren regional-internationalen Küche, die nicht gut-, sondern schon eher bestbürgerlich genannt werden kann.
Merkurstr. 3, Baden-Baden,
Mo–Fr 17–23 Uhr,
Sa 11–14 und 17–23 Uhr,
Tel. 072 21/976 69 29,
www.schneiders-weinstube-baden-baden.de

Baldreit

Hier gehen auch Einheimische hin. Die schöne Weinstube bietet im Gewölbekeller und im idyllischen Innenhof badisch-elsässische Küche und natürlich lokale Tropfen. Die Lage im Zentrum, dicht neben der Stiftskirche, aber etwas abseits der Touristenströme, ist toll.
Küferstr. 3, Baden-Baden,
Di–Sa 17–1 Uhr,
Tel. 072 21/231 36

Shoppen in Baden-Baden

Wo schicke und nicht ganz arme Menschen sich wohlfühlen, spiegelt sich das in den Schaufenstern wider. In der Kur- und Kulturstadt Baden-Baden kann man hervorragend einkaufen und zwischendurch Kaffee trinken: in den berühmten parkartigen Kolonnaden (Mode, Schmuck und Süßes), der Sophienstraße (Luxus!) der Lichtensteiner Straße (gut für die Kaffeepause), in der Altstadt (Schmuck, Wein und Kunsthandwerk) und in der Fußgängerzone, in der es eigentlich alles gibt.
www.shoppingguide-baden-baden.de

Wanderung auf dem Engelssteig

Noch eine interessante Wanderung, dieses Mal am Engelsberg, dem Hausberg der Gemeinde Bühlertal (35 Min. ab Baden-Baden mit Bahn und Bus – umsteigen in Bühl). An seinem Fuß trägt er eine der steilsten Weinlagen Europas, auf der v. a. Spätburgunder gedeiht. Diese abenteuerliche Kulturlandschaft mit ihren Terrassen und Trockenmauern kann man seit 2014 auf dem Engelssteig hautnah erleben. Von April bis Okt. ist der »Weg«, ein Mix aus Wanderpfad und (einfachem) Klettersteig, mit festen Schuhen frei begehbar. Länge: rund 1,5 km. Los geht‘s bei der kleinen Treppe gegenüber der Engelsstatue bei der Tourist-Info.
Bühlertal, www.buehlertaeler-engelsberg.de

43 FREIBURG

Zirbelstube

Im 5-Sterne-Hotel Colombi verwöhnen die beiden Küchenchefs Christoph Fischer und Daniel Zitzelsberger ihre Gäste mit klassisch-moderner Gourmetgastronomie. Und da sie dies unweit der französischen Grenze tun, trägt ihre Kochkunst auch die entsprechenden Schattierungen. Um den Genuss zu vervollkommnen, bietet die Karte 450 verschiedene Weine.
Rotteckring 16, Freiburg,
Mo–Sa 12–15 und 19–24 Uhr,
Tel. 07 61/210 60,
www.colombi.de

Fisch-Kunstwerke: gibt's bei Freiburgs bestem Japaner Basho-An.

Basho-An

Der beste Japaner in Freiburg – und einer der besten in Deutschland. Wer »nur« Sushi Sashimi und Tempura bestellt, wird zwar auch glücklich, er sollte aber keineswegs die fantastischen Vorspeisen auslassen, z. B. Sunomono Moriawase (in Reisessig eingelegte Meeresfrüchte und Gurken) oder Jagaimo Manju (Garnelen und Entenfleisch in gebackenem Kartoffelpüree).
Merianstr. 10, Freiburg,
Di–Sa 12–15 und 18–23 Uhr,
Fei 18–23 Uhr,
Tel. 07 61/285 34 05,
www.bashoan.com

Radtour am Tuniberg

Nur gute 100 m erhebt sich der Kalksteinrücken des Tunibergs über die Rheinebene westlich von Freiburg. Von hier kommen ausgezeichnete Weine, hierher führen zahlreiche Radrouten, die man aus Freiburg problemlos erreicht. Es gibt viele Verleihstationen, die größte liegt am Hauptbahnhof (www.freiburgbikes.de). Man kann auch eine geführte

Radtour am Kaiserstuhl oder am Tuniberg buchen (www.freiburg-aktiv.de). www.freiburg.de

44 STUTTGART

Speisemeisterei

»Rokoko rockt« heißt das Motto: In zeitgemäß angesagtem Ambiente – oben hübsch und schnörkelig, unten cool und gerade – bringen TV-»Kochprofi« Frank Oehler und Küchenchef Markus Eberhardinger in Schloss Hohenheim nicht mehr ganz so abgedrehte Leckereien auf den Tisch. Was heißt, dass es großartig schmeckt.
Schloss Hohenheim, Stuttgart, tgl. 12–15 und 18–24 Uhr, Tel. 07 11/34 21 79 79, www.speisemeisterei.de

Wielandshöhe

Unter den deutschen Sterne-Köchen ist Vincent Klink einer der Schlauesten und vermutlich der Witzigste. Der begnadete Schreiber und Musiker (Basstrompete!) kocht klassisch, schwäbisch-französisch und niemals modisch-verkünstelt. Es gibt Ochsenschwanzessenz mit Maultaschen, Alblamm im knusprigen Brotmantel und Schokoladenpudding. Schluss mit lustig: Die Rohstoffe kauft Klink in Bio-Qualität ein.
Alte Weinsteige 71, Stuttgart, Di–Sa 12–14 und ab 18 Uhr, Tel. 07 11/640 88 48, www.wielandshoehe.de

Markthalle

Seit 1914 wird in vergleichsweise sachlichem und doch höchst attraktivem Jugendstilambiente das Beste aus aller Welt, aber auch aus der Region verkauft. Am Stand der Bäuerlichen Erzeugergemeinschaft Schwäbisch-Hall etwa, wo es Fleisch und Wurst von der ältesten, traditionsreichsten Schweinerasse Deutschlands gibt. Und wer bei Kustermann Lamm kauft, bekommt dort nicht nur die »feinen« Filets vom Münsinger Alblamm, sondern auch Haxe, Schulter, Niere, Leber und Hals. Stark vertreten ist das mediterrane Europa.
Dorotheenstr. 4, Stuttgart, Mo–Fr 7.30–18.30 Uhr, Sa 7–17 Uhr, www.markthalle-stuttgart.de

Schlemmerparadies: In der Markthalle Stuttgart bekommt man alles für den kleinen, großen und überhaupt jeden Hunger.

Staatstheater Stuttgart

Das Große Haus (1909–1912) am Ecksee im Schlossgarten hat den Krieg fast unbeschadet überlebt und ist schon von außen eine Pracht. Im wunderschönen Innenraum kann man allabendlich sehen und hören, dass die Stuttgarter Oper auch künstlerisch in der ersten Reihe mitspielt. Aber auch das Ballett, das unter der Leitung von John Cranko (1961–1973) Weltruhm erlangte, und das Schauspiel, nebenan im Neubau von 1962, begeistern Publikum und Kritiker gleichermaßen.
Schlossgarten, Stuttgart, www.staatstheater-stuttgart.de

45 ULM

Zur Forelle

Das hübsche Zunfthaus aus dem Jahr 1626 steht im ungemein malerischen Fischerviertel gleich neben dem Flüsschen Blau. Es bietet zum wunderschönen Ambiente natürlich diverse Forellen- und andere Fischgerichte sowie allerlei schwäbische Spezialitäten.
Fischergasse 15, Ulm, Mo–Fr 11–15 und 17–24 Uhr, Sa 11–24 Uhr, So 11–22 Uhr, Tel. 07 31/639 24, www.zurforelle.com

Pflugmerzler

Gehobene Gastronomie unweit des Münsters – eine

Ulmer Institution seit 160 Jahren. Weithin gerühmt für seine ausgezeichneten Steaks (aus den USA und Argentinien), bieten das Haus und seine Küche rundherum einen Augen- und Gaumenschmaus.
Pfluggasse 6, Ulm,
Mo–Sa 18–23 Uhr,
Tel. 07 31/602 70 44,
www.pflugmerzler.com

Im Solarboot auf der Donau

Die alte Tradition der Donaufähren haben die Ulmer mittels Photovoltaik zeitgemäß upgedatet: Zwischen den Haltestellen Metzgerturm, Adlerbastei und Barfüßer pendelt im Sommer das Solarboot, was einen ganz neuen Blick auf die alte Ulmer Stadtkulisse eröffnet. Die Rundfahrt dauert 30 Min. Zwischen dem Ulmer und dem Neu-Ulmer-Ufer verkehrt darüber hinaus auf Höhe des Edwin-Scharff-Hauses die Solarfähre.
Juni–Sept. Sa/So
14.30–16 Uhr (Boot),
Sa/So 13–19 Uhr (Fähre),
www.solarstiftung.eu

Blaubeuren

Der Abstecher ins knapp 20 km westlich gelegene Blaubeuren dauert mit der Bahn vom Ulmer Hauptbahnhof nur 11 Min. Er lohnt sich wegen der malerischen Altstadt mit ihren vielen Fachwerkbauten, vor allem aber wegen der großartigen Kirche des anno 1085 gegründeten Klosters und dem gleich daneben gelegenen Blautopf: Es handelt sich um die Karstquelle der Blau, die von hier gen Ulm fließt. Tatsächlich ist das Blau im »Topf« von atemberaubender Intensität. Auch am Urgeschichtlichen Museum (Kirchpl. 10, 15. März–30. Nov. Di–So 10–17, 1. Dez.–14. März Di/Sa 14–17, So 10–17 Uhr, www.urmu.de) sollte man nicht vorbeigehen: Hier werden neben der 40 000 Jahre alten »Venus vom Hohle Fels«, dem ältesten bekannten figürlichen Kunstwerk der Menschheit, auch die geheimnisvollen »Löwenmenschen« und Knochenflöten gezeigt, die man am Südrand der Schwäbischen Alb gefunden hat.
www.blaubeuren.de

46 NÜRNBERG

Essigbrätlein

Nur 20 Gäste passen in das Nürnberger Gourmettempelchen. Wer nicht unter Platzangst leidet, erlebt ein Fest für Nase, Gaumen und Augen. Küche, Weinkarte und Service sind überragend. Unbedingt zu empfehlen ist das Menü, das überraschend kombiniert ist und ein Feuerwerk feinster Aromen entfacht. Zwei Michelin-Sterne.
Weinmarkt 3, Nürnberg,
Di–Sa 12–15.30 und 19–1 Uhr,
Tel. 09 11/22 51 31,
www.essigbraetlein.de

Zum Gulden Stern

Die Brandschäden vom 31. Mai 2015 sind beseitigt. Die »älteste Wurstküche der Welt«, seit 1419 urkundlich erwähnt, ist immer noch die Beste. Zumindest in Nürnberg. Die Bratwürste werden nach alten Rezepten handwerklich hergestellt und nicht vorgebrüht, sondern frisch über dem Buchenholzfeuer gegart. Von den Kartoffeln über Meerrettichwurzeln und Salate bis zum Sauerkraut kommen alle Zutaten von genau bezeichneten Familienbetrieben aus der Region.
Zirkelschmiedsgasse 26,
Nürnberg, tgl. 11–22 Uhr,
Tel. 09 11/205 92 88,
www.bratwurstkueche.de

KunstKulturQuartier

Als »Komm« erregte das Nürnberger Künstlerhaus zwischen 1973 und 1996 immer wieder öffentliche Ärgernisse. Später profilierte es sich als das Kulturzentrum im Norden Bayerns, und heute ist es ein Teil des 2008 gegründeten großen »KunstKulturQuartiers«, zu dem auch noch Kunsthaus und Filmhaus, die Tafelhalle (Äußere Sulzbacher Str. 62), die Kunsthalle (Lorenzer Str. 32) und die Kunstvilla (Blumenstr. 17) gehören: Alle zusammen bieten eine immer attraktive Mischung aus Theater, Konzert und Kino, aus Kunstbetrieb und offenen Werkstätten.
Königstr. 93, Nürnberg,
www.kunstkulturquartier.de

Playmobil Funpark

Seit dem Jahr 1991 bevölkern die knuffigen Playmobil-Männchen (und -Weibchen) nicht nur die Kinderzimmer der Republik, sondern auch einen großen Freizeitpark am Stammsitz von Playmobil bei Zirndorf im Landkreis Fürth. Es gibt hier zwar auch einen Indoor-Bereich, in dem man mit allen Figuren spielen

darf, die Kinder werden aber vielmehr ins Freie gelockt: zu Spielstationen, wo sie sich richtig bewegen müssen – und wo sie durchaus nass und schmutzig werden können. Es gibt eine Western City und die Arche Noah mit Wasserkanal, Paddelboote, Balancierparcours, einen Steinbruch und einen Bauernhof.
Ist der FunPark für Kinder bis 12 Jahre gedacht, bietet der angeschlossene Aktivpark Spaß und Bewegungsmöglichkeiten für alle: auf den Sommerstockbahnen, beim Boule-Spielen, Airhockey, Kicker oder mit verschiedenen Outdoor-Sportgeräten. Und am Ende geht es in den großen Biergarten zu Bratwürsten, Klößen und Kartoffelsalat. Ab 17 Uhr wird Spanferkel gegrillt.
Brandstätterstr. 2–10, Zirndorf, Mai–Mitte Sept. 9–19 Uhr, Aktivpark 9–22 Uhr, Mitte Sept.–Anf./Mitte Nov. 9–18 Uhr, Aktivpark 11–18 Uhr, www.playmobil-funpark.de

47 INGOLSTADT

Weißbräuhaus zum Herrnbräu

Altbaierische Wirtshauskultur mitten in der Altstadt. Serviert werden regionale Spezialitäten, darunter knuspriges Spanferkel in Dunkelbiersauce, aber auch viel Fisch, zum Beispiel Waller aus der Donau. Die untergärigen Bier- und Weißbierspezialitäten kommen natürlich vom Ingolstädter Herrnbräu.
Dollstr. 3, Ingolstadt, tgl. 8.30–24 Uhr, Tel. 08 41/328 90, www.herrnbraeu.de

KIK Restaurant im Klenzepark

Wunderschöne Location in den Festungsgewölben beim Turm Triva, vor allem aber zu empfehlen bei warmem Wetter: Der Biergarten ist ein Traum. Zu essen bekommt man biergerechte Burger- und BBQ-Varianten, aber auch Pasta – italienisch oder asiatisch.
Flankenbatterie 105, Ingolstadt, Di–Fr 17–1 Uhr, Sa/So 11–1 Uhr, Tel. 08 41/881 38 28, www.restaurant-kik.de

Medizinhistorisches Museum

Wer die Frankenstein-Stadt Ingolstadt besucht, kommt natürlich am Deutschen Medizinhistorischen Museum nicht vorbei. Im Gebäude der Alten Anatomie sind Exponate aus aller Welt zu sehen, z. B. chirurgische Werkzeuge, medizinische Hilfs- und anatomische Lehrmittel wie Skelette und Präparate. Und weil der Platz nicht reichte, um auch die vielen medizintechnischen Geräte zu präsentieren, wurde 2008 ein zusätzlicher Ausstellungsraum am wunderschönen Arzneipflanzengarten eröffnet, in dem man sie nun sehen kann. Noch bis Ende Jan. 2016 zeigt das Medizinhistorische Museum in den Räumen des Museums für Konkrete Kunst die Ausstellung »Surfaces« mit Werken von Adolf Fleischmann, der in den 1920er-Jahren naturgetreue Plastiken kranker Körperteile anfertigte. Das hätte auch Frankenstein gefallen.
Anatomiestr. 18–20, Ingolstadt, Di–So 10–17 Uhr, www.ingolstadt.de/dmm

Lechner Museum

Noch eine Audi-Immobilie. Die schwer beeindruckenden Stahlteile, die in der ehemaligen Werkshalle am Ostrand der Altstadt herumstehen, sind Werke des bedeutenden Stahlbildhauers Alf Lechner (geb. 1925). In dem leichten, lichtdurchfluteten Industrie-Ambiente – Deutscher Fassadenpreis 2001 – entfalten sie eine starke Wirkung. Immer wieder lädt der Künstler Kollegen zu gemeinsamen Ausstellungsprojekten ein.
Esplanade 9, Ingolstadt, Do–So 11–18 Uhr, www.lechner-museum.de

48 AUGSBURG

August

Es ist nicht die allerbeste Ecke der Augsburger Innenstadt, aber das allerbeste Restaurant. Im sehr ansprechend puristischen Ambiente, über dem seit dem Jahr 2009 zwei Michelin-Sterne funkeln, entfaltet Chefkoch Christian Grünwald seine Kunst, indem er die unterschiedlichsten Aromen stimmig miteinander kombiniert. Beispiel: Silberdistel / Drachenzungen / Steinpilze / Spitzkohl-Kimchi / Hüttenkäse / Reiscrunch. Nur für Fortgeschrittene.
Frauentorstr. 27, Augsburg, Mi–Sa 19–23 Uhr, Tel. 08 21/352 79

Drei Königinnen

Der royale Name bezeichnet Augsburgs schönsten Biergarten, wunderbar ruhig gelegen gleich hinter der Fuggerei. Die

Küche? Bayerisch, schwäbisch, qualitativ auf hohem Niveau. Ein spezieller Tipp: das Frühstücksbuffet am Wochenende!
Meister-Veits-Gässchen 32, Augsburg, Mo–Fr 17–1 Uhr, Sa/So 10–1 Uhr, Tel. 08 21/15 84 05

Stadtmarkt

Eine echte Augsburger Institution, mitten in der Stadt: Neben der Fleischhalle und der Viktualienhalle mit ihren tollen Imbissständen gibt es hier einen großartigen Bauernmarkt und überhaupt jede Menge regionaler Köstlichkeiten.
Stadtmarkt, Augsburg, Mo–Fr 7–18 Uhr, Sa 7–14 Uhr, www.stadtmarktaugsburg.de

Fuggerei

Sozialer Wohnungsbau aus den Jahren 1516–1523. Eine Mauer umgibt die Stadt in der Stadt, die Jakob Fugger stiftete, um bedürftige Augsburger von der Straße zu holen. Heute gibt es in der Fuggerei 140 Wohnungen, jede etwa 60 qm groß, und an den Modalitäten hat sich nichts geändert: Die rund 150 Bewohner sind Augsburger, katholisch und ohne eigene Schuld in Not geraten. Die Kaltmiete für ein Jahr, damals wie heute: 1 Rheinischer Gulden bzw. 0,88 €; Nebenkosten: täglich drei Gebete für den Stifter und seine Familie, die die Siedlung bis heute finanziert. Sehr sehenswert sind das Fuggereimuseum (Mittlere Gasse 14), die Schauwohnung (Ochsengasse 51) und die Ausstellung über die teilweise Zerstörung und den Wiederaufbau im ehemaligen Weltkriegsbunker.

Farbenfroh: Detail der knapp 500 Jahre alten Fuggerei in Augsburg.

Fuggerei 56, Augsburg, Apr.–Sept. tgl. 8–20 Uhr, Okt.–März tgl. 9–18 Uhr, www.fugger.de

Parktheater im Kurhaus

Eine wunderschöne Location im Stadtteil Göggingen: das einzige erhaltene Multifunktionstheater aus der deutschen Gründerzeit, 1886 erbaut mit viel Glas und Gusseisenelementen. Auf dem Spielplan steht ein bunter Mix von Theater und Kleinkunst, Oper, Operette, Tanz und Revue.
Klausenberg 6, Augsburg, Besichtigung außerhalb von Veranstaltungen tgl. 9–18 Uhr, www.parktheater.de

49 ERDING

Mayr Wirt

Die Traditionswirtschaft in Erding. Unverfälschte bayerische Gasthausatmosphäre, in der man auch Thermenbesucher trifft, die in den oberen Stockwerken Zimmer gebucht haben. Schönes Ambiente mit Gemälden des Chiemseemalers Hiasl Maier. Die Küche ist ehrlich-deftig und das Bier nicht nur vom Erdinger Weißbräu – Tipp: Grünbacher Weißbier, Tegernseer Dunkel und Pils vom Bräu z'Loh.
Haager Str. 4, Erding, tgl. 10–24 Uhr, Do/Sa/So ab 9 Uhr, Tel. 081 22/88 09 20, www.mayrwirt-erding.de

Effe & Gold

Regio-Burger und Steaks in bester Qualität, direkt in Erdings guter Stube – und bei warmem Wetter auch im Freien auf dem Kleinen Platz. Auch sehr schöne vegetarische und vegane Burger kann man haben. Das Publikum ist abends eher U 30 als Ü 40, die Musik entsprechend.
Kleiner Pl. 10, Erding, Di–Do 11.30–14.30 und 17.30–23 Uhr, Fr 11.30–14.30 und 17.30–1.30 Uhr, Sa 11.30–1.30 Uhr, So 14–23 Uhr, Tel. 081 22/227 44 77, www.effe-gold.com

Airbräu

Die einzige Flughafenbrauerei der Welt: mitten im Münchner Airport Center, mit Biergarten unter dem riesigen Glasdach. Gezapft werden großartige z. T. saisonale Biere, Helles und Weißbier kosten tatsächlich nur 2,75 € (0,5 l). Aus der Küche kommen bayerische Gerichte mit Rohstoffen von regionalen Zulieferern. »Überschall« heißt die Pfanne mit allem, was in Bayern satt macht. Danach hebt man nicht mehr ab. Bei Verzehr ab 20 € darf man im Parkhaus P20 kostenlos parken (3 Std.).

Terminalstr. Mitte 18, München Airport Center, tgl. 8–1 Uhr, Tel. 089/97 59 31 11, www.airbraeu.de

Freisinger Domberg
Mit seinen beiden Türmen ist der Freisinger Mariendom *der* Blickfang am Nordrand der Münchner Schotterebene. Schon anno 715 stand hier die erste Marienkirche, bald darauf entwickelte sich das Kloster mit der Domschule zu einem bedeutenden Bildungszentrum. Der Dom, 1159 erbaut und später barock umgestaltet, ist eine der großen Sehenswürdigkeiten im Münchner Umland. Leider sind das großartige Diözesanmuseum und der Barocksaal der Dombibliothek wegen Sanierungsarbeiten derzeit geschlossen.
Domberg, Freising, Sommer Sa–Do 8–18 Uhr, Fr 14–18 Uhr, Winter jew. nur bis 17 Uhr, www.freisinger-dom.de

50 MÜNCHEN

Geisels Werneckhof
Der neue Stern im Münchner Gourmet-Universum heißt Tohru Nakamura. Seit 2013 zaubert er kulinarische Kunstwerke auf die Teller, die nicht nur umwerfend aussehen, sondern auch fantastisch schmecken. Der Stil? Irgendwo zwischen Europa und Asien (Entenleber mariniert in Sake, Reisessig und Reiswein ...).
Werneckstr. 11, München, Di–Sa 18–24 Uhr, Sa 13–16.30 Uhr, Tel. 089/38 87 95 68, www.geisels-werneckhof.de

Weißes Brauhaus
Die Alternative zum nahen Hofbräuhaus. Hier ist es laut und voll, zwischen echten Münchnern (gibt's noch!) sitzen schmale Asiaten, selige Angelsachsen und euphorische Skandinavier. Das Essen ist bayerisch und sehr gut, das Hefeweizen sehr süffig. Wer es wagt, bestellt zum traditionellen Kronfleisch (Zwerchfell vom Rind, Kalb oder Schwein, mit Grünzeug gekocht, in der Mitte rosa, serviert mit Schnittlauch und viel Meerrettich) ein dunkles Weizen-Starkbier.
Tal 7, München, tgl. 8–0.30 Uhr, Tel. 089/290 13 80, www.weisses-brauhaus.de

Radspieler
Münchens schönstes Geschäft, möglicherweise. Im stillen Winkel zwischen Marienplatz, Stachus und Sendlinger Tor rahmen verschachtelte Räume einen wildgrünen Garten ein. Hier kann man neben Glas und Wohnaccessoires u. a. edle Textilien und exklusive Mode kaufen. Dazu Möbel aus eigener Werkstatt (der Tradition des Werkbunds verpflichtet) sowie von Designern aus Italien, Frankreich und der Schweiz. Früher Hoflieferant der königlichen Familie, verkörpert Radspieler heute beispielhaft den Unterschied zwischen elegant und angesagt.
Hackenstr. 7, München, Mo–Fr 10–19 Uhr, Sa 10–18 Uhr, www.radspieler.com

Kammerspiele
Im wunderschönen Jugendstil-Schauspielhaus in der Maximilianstraße sieht man einem der besten Schauspielerensembles der Republik bei der Arbeit zu. Bertolt Brecht inszenierte hier seine Stücke, nach dem Krieg hießen die Regisseure Axel von Ambesser, Fritz Kortner, Peter Stein, Ernst Wendt, Robert Wilson, George Tabori und Dieter Dorn. Mehrmals wurden die Kammerspiele zum »Theater des Jahres« gewählt, zum letzten Mal im Jahr 2013. Neben dem 800 Zuschauer fassenden, dennoch ausgesprochen intimen Schauspielhaus, gibt es zwei kleinere Spielstätten: das Werkraumtheater für wilde Experimente und das Neue Haus im modernen Probengebäude.
Maximilianstr. 28, München, www.muenchner-kammerspiele.de

Schumann's
Dass diese Bar, eine der berühmtesten in Deutschland, »nur« als Treffpunkt der Münchner Schickeria gilt, ist ein Missverständnis und jedenfalls nicht die Absicht des Barchefs Charles Schumann. Der brät seine legendären Bratkartoffeln und sorgt dafür, dass die Cocktails so gut schmecken, wie das eben in einer erstklassigen Bar sein muss. Im Interieur dominieren schlichte Holztische, rote Lederbänke, orangefarbene Campari-Flaschen und die grüne Marmorwand hinter der Theke. Auch sehr empfehlenswert: Schumann's Tagesbar (So geschl.) in der nahen Einkaufspassage »Fünf Höfe«.
Odeonspl. 6–7, München, Mo–Fr 8–3 Uhr, Sa/So 18–3 Uhr, www.schumanns.de